千年寶藏之謎

中國歷史悠久，地大物博，究竟有多少可望而不可及的神祕地點未被涉足，未被瞭解？在那個動盪的年代，許多國寶被盜走、被劫掠、被破壞，歷史已漸漸遠去，許多寶物卻仍不知道去向……

Treasures of A Thousand Years

秦始皇為什麼要用規模宏大的兵馬俑陪葬？
兵馬俑是秦人製造的嗎？
如果是他們製造的，那如此大量的原料從哪裡來，又有多少人參與工程呢？

i-smart

智學堂
智慧是學習的殿堂

國家圖書館出版品預行編目資料

考古探祕：千年寶藏之謎 / 蕭嘉辰編著.
-- 初版.-- 新北市：智學堂文化, 民103.05
面； 公分. -- (經典系列；10)
ISBN 978-986-5819-30-9(平裝)
1.古物 2.考古遺址 3.中國
797 103005303

經典系列：10

考古探祕：千年寶藏之謎

編 著 ― 蕭嘉辰
出 版 者 ― 智學堂文化事業有限公司
執行編輯 ― 林美玲
美術編輯 ― 蕭佩玲
地 址 ― 22103 新北市汐止區大同路三段一百九十四號九樓之一
TEL （02）8647-3663
FAX （02）8647-3660

總 經 銷 ― 永續圖書有限公司
劃撥帳號 ― 18669219
出 版 日 ― 2014年05月

法律顧問 ― 方圓法律事務所 涂成樞律師
cvs 代理 ― 美璟文化有限公司
TEL （02）27239968
FAX （02）27239668

考古探祕 Treasures of A Thousand Years
千年寶藏之謎

第一章
寶藏傳奇神案：
探索寶藏蹤跡及背後不可思議的歷史真相

第二章

國寶真相奇案：
當傳世國寶的離奇失蹤，何處覓其所在

第三章

古墓探祕絕案：

看古墓玄機，聽驚天祕聞

第四章

考古奇談密案：

抽絲剝繭，浮現歷史塵埃下的種種疑團

寶藏傳奇神案：

探索寶藏蹤跡及背後不可思議的歷史真相

秦始皇陵寶藏：
事死如事生

隨著電影、電視劇的熱播，使得秦始皇陵再一次以神祕的形象展現在世人眼前，可見，秦始皇陵對世人來說依然是一個未知又充滿魅力的「神話」。

秦始皇是中國歷史上最為知名的皇帝，可以說家喻戶曉。他既因完成統一大業而名垂千古，又因實施暴政遭千古罵名。

秦王朝只存在了15年，可是他創立的皇帝制度、皇帝意識影響了中國幾千年。不僅他的身世、生平、功過引人注目，連坐落在驪山腳下的皇陵也因眾多未解之謎而備受關注，並稱為「天下最神祕的皇陵」。

秦始皇陵是中國歷史上第一座帝王陵園，也是一座歷史文化寶庫。在所有封建帝王陵墓中以規模宏大、埋藏豐富而著稱於世。秦始皇陵是世界上規模最大、結構最奇特、內涵最豐富的帝王陵墓之一，秦始皇陵兵馬俑，是可以與埃及金字塔和古希臘雕塑相媲美的世界人類文化的寶貴財富。

當震驚世人的兵馬俑呈現在人們眼前的時候，人們

心中便馬上產生了千百個問題，兵馬俑是秦人製造的嗎？
如果是他們製造的，那如此大量的原料從哪裡來，又有多
少人參與工程呢？製作這樣工藝精良的陶俑，當時的秦人
用的是何種先進的工具？秦始皇為什麼要用這麼多的兵馬
俑陪葬？現在看到的兵馬俑很多都殘缺不全，然而摧殘它
們的罪魁禍首是誰？眾多謎團縈繞著秦始皇陵這座曠世大
墓，其中有幾個謎團最讓人困惑：

　　一是秦始皇為什麼要用規模宏大的兵馬俑陪葬？一
種觀點認為，秦俑坑出土的這支秦代軍隊的大型群雕，是
秦始皇創建和加強中央集權的象徵；秦俑坑大批兵馬俑的
軍事陣容，正是秦始皇統治下強大的軍事實力的形象記
錄。在某種意義上也可以說，它是秦始皇東巡衛隊的象
徵。

　　還有一種觀點認為，秦兵馬俑坑象徵著駐在京城外
的軍隊，可稱之為宿衛軍。

　　以戰車、步兵相間排列的一號兵馬俑軍陣為右軍；
以戰車和騎兵為主的二號兵馬俑坑為左軍；未建成的廢棄
坑當為四號坑，即擬議中的中軍；三號兵馬俑坑是統帥
右、左、中三軍的幕府。

　　俑坑本身象徵著屯兵的壁壘。三軍拱衛京師，是秦
始皇企圖加強中央集權維護一統江山的反映。

　　從已挖掘的秦始皇陵遺跡來看，似乎秦始皇要把生前的宮室山河及其他物品都帶到地下世界去，秦始皇陵實質上是按古代禮制「事死如事生」的要求特意設計的。因為秦始皇即位後，用了大部分的精力和時間進行統一全國的戰爭。當時他率領千軍萬馬南征北戰，進而併吞了六國，統一了天下。為了顯示他生前的功績，以軍隊的形式來陪葬似乎是一種必然。

　　瞭解了這樣規模宏大的兵馬俑產生的原因，另一個問題又接踵而至，為何在這樣的俑坑裡會出現灰燼或炭跡？在挖掘過程中，人們發現一、二號俑坑裡的木結構全部被燒成了灰燼或炭跡，甚至連陶俑、陶馬的彩繪顏色也被燒掉了。

　　那麼，為什麼俑坑裡會出現大火呢？有人認為是項羽焚燒的俑坑，理由是項羽這位楚國貴族出身的將軍，對秦始皇以武力踏平楚地、殺死其祖父和叔父、毀滅他貴族的美夢自然懷有刻骨仇恨，加上參加修建秦始皇陵的幾十萬人中的多數瞭解秦陵佈局，且知道兵馬俑具體埋葬地點的人加入了項羽軍中，他們迎合項羽的心理，促成了這一毀滅性慘劇的上演。這是對這些疑問的一種主流的解釋；也有人認為是地下陵寢中產生了沼氣，發生了自燃的現象；有的說是秦朝人在祭祀時不慎引起了一場大火，造成

了一場不該有的災難……各種的解釋使人難辨真假，事實上，它們不但沒能最終解決這個問題，反而增加了秦俑被焚燒的神祕性。

另外一個難解的謎團就是皇陵地宮的設計，是否真如史料記載的那般神奇？

《史記・秦始皇本紀》中記載：秦始皇陵中的陳設可謂是琳琅滿目。凡是讀到這段的人，都會在自己的腦中形成一系列的疑問：什麼是弩機箭頭？歷經兩千多年它們仍然有那麼厲害嗎？地宮的頂部如果真繪有天文星象和九州五嶽的地理形勢圖，那麼這個地宮的頂部將會是怎樣的寬大？尤其是水銀灌鋪江河湖海，這將需要多大量的水銀，當時的人們能造出這麼多的水銀嗎？如果不能，那麼水銀又是從哪裡來的呢？

如果打開秦陵地宮，其間安裝的弩弓是否還能發生作用，這是研究者和好奇者想要解決的第一個謎團。

透過秦俑坑出土的弩弓來看，估計地宮中的弩機弓幹和弩臂應該較長，應該是性能良好的勁弩。如果把裝有箭矢的弩一個個連接起來，透過機發使之叢射或是連發，就可達到無人操作、自行警戒的目的。這種「機弩矢」實際上就是「暗弩」。因為秦始皇陵內藏有大量奇珍異寶，為了防盜，就在墓門內、通道口等處安置上這種觸發性的

武器，一旦有盜墓者進入墓穴，就會碰到連接弩弓扳機的絆索，遭到猛烈的射擊。由此可知，這是一個機關重重的地下宮殿，是一個誰也不知道假使能進去，是否還能從中生還的地下宮殿。

秦始皇陵的地宮是一個水銀的世界嗎？沒有人能確切地知道這個謎底，但有一點可以肯定，就是秦始皇陵的地宮中確實有水銀，而且量還不小。

考古學家透過一系列的測試、計算得出秦始皇陵內原來藏有水銀的理論數字應為16255.2公噸；即便陵內水銀不是平鋪地傾入墓底而是流動起來，估計陵墓內儲有水銀也應是100公噸左右。司馬遷提到秦始皇陵用水銀作為「百川江河大海」……於是謎團又來了：既然是江河大海，那一定是要流動的，而這些水銀形成的江河湖海又是如何流動的呢？這些謎團，只能等到地宮開啟的那一天，或許才能找到答案。

眾多疑案伴隨著秦始皇陵，無以計數的寶物也隨著秦始皇陵的發現而重見天日：除聞名遐邇的兵馬俑陪葬坑、銅車馬坑、珍禽異獸坑之外，又發現了大型石質鎧甲坑、百戲俑坑、文官俑坑以及陪葬墓等600餘處，歷年來已有10萬餘件重要歷史文物出土，秦始皇陵是一座藝術寶庫，也是一座先秦的大觀園，地宮尚未挖掘便已有如此巨

量的珍貴文物面世，世人期待著對秦始皇陵地宮的探索，
期待著在不久的將來，能有人解開秦始皇陵的千古之謎。

【話說歷史】

　　秦始皇是一位頗具爭議的歷史人物，歷來褒貶不一，
他留給後人的，不僅是影響中國幾千年的封建思想，還有
秦始皇陵這一座震驚世人的神祕藝術寶庫。

神祕黃金洞：
瞿塘峽夔門的傳奇

　　瞿塘峽又名夔峽，與巫峽、西陵峽並稱長江三峽，是三峽中最短、最窄、最窄的峽谷。既有「西控巴渝收萬壑，東連荊楚壓群山。高江急峽雷霆鬥，古木蒼藤日月昏」的險峻磅？，又有深厚的人文內涵。瞿塘峽兩端入口處，兩岸斷崖壁立，相距不足百米，形如門戶，名夔門，也稱瞿塘峽峽關。夔門山勢雄奇，堪稱天下雄關，因而有「夔門天下雄」五字刻於崖壁。

　　傳說中的黃金洞，就位於夔門南側的白鹽山的絕壁上，其上是70多公尺的懸崖，其下是200多公尺的深谷。黃金洞的下端，有一串Z形的石孔，據說是尋寶者留下的遺跡，也有人說是盜寶者開掘的天梯。多年來，民間一直流傳著黃金洞內遍地黃金的神奇傳說：據傳，西漢公孫述兵敗夔門，將大量的黃金珠寶藏於洞內，黃金洞因此得名。近年來又有一種說法，認為黃金洞是遠古時代巴人的黃金寶庫……那麼，歷史的真相到底是什麼呢？

　　在瞿塘峽黃金洞寶藏的傳說裡，以公孫述藏寶於此的說法流傳最廣。公孫述的名字可能對許多人來說有些陌

生，但他卻是為世人所熟知的「白帝城」的建造者。白帝城以它深厚的歷史文化內涵、壯麗的自然風光、獨特的地理位置而聲名遠播。它是西漢末年公孫述所建，公孫述字子陽，所以白帝城也稱子陽城。

公孫述在王莽當政後任西漢蜀郡太守。王莽篡位後沒當多久皇帝就死去了，此時各地諸侯割據一方，群雄四起，公孫述趁機自立為王，於西元25年在成都稱帝，自稱白帝，建都成都，因為保境安民，一時很受當時境內百姓的擁戴。

東漢皇帝劉秀多次派兵圍剿，西元35年，劉秀大軍攻佔了白帝城，公孫述戰死。死後，後人認為他是「戰死不投降」的英雄，在白帝廟造了他的塑像，而白帝城就成了祭祀他的地方。

蜀地自古以來就是天府之國，地饒物豐，公孫述在這裡盤踞了十幾年的時間，大部分時間都是「一國之君」，其財產數量不容小覷。據傳，東漢兵臨成都時，公孫述為了保存實力，祕密將數年積蓄的金銀珠寶藏在夔門的一個洞穴裡，即今天說的「黃金洞」，以備來日東山再起。公孫述戰死後，其黃金洞藏寶的說法在蜀地一直流傳著，也誘惑著一批又一批的探險者。

1998年8月25日，在四川奉節探險的中國、英國、愛

寶藏傳奇神案──
探索寶藏蹤跡及背後不可思議的歷史真相

爾蘭三國聯合探險隊，登上夔門絕壁，準備揭開千百年來罩在黃金洞上的神祕面紗。

隊員們先探了黃金洞周圍的3個小洞，然後爬進黃金洞。探險隊在洞中發現了一堆相互枕藉的屍骨，併發現有棺木碎片和四根完好的木棒，在洞壁上發現塗畫物，疑似象形文字，圖像、線條清晰可見。洞內到處都是雜亂無章的古代兵器、家用器皿。然而，最終結果卻令人大失所望，探險隊員並沒有在洞中發現傳說中的金銀珠寶，也沒有找到任何能夠證明傳說中的種種事物存在的可靠依據，他們只好將發現的所有東西拍下照片以便研究。

洞內物品是何年、何人所留？洞壁上留下的「巴蜀圖語」說的是什麼？是否就是巴文？圖畫與巴文是否記載著巴人滅國之禍的祕密呢？專家經過分析，認為黃金洞是最後一支巴人的滅絕之地。

巴人，是東夷部落首領太皋氏的後代，先秦時期一直生活在川東鄂西一帶。古代巴人不但作戰勇猛頑強，被稱為「神兵」，而且能歌善舞，極其樂觀。他們曾在商、周、楚、秦等強大部族的包圍中不斷征戰；在荒莽的大巴山、秦嶺中，在極為艱難困苦的生活條件下，自強不息，世代繁衍；在長江流域創造了可與中原文化相媲美的古老文明，對川東地區經濟文化的開發和發展有著積極的推動

作用。

　　秦滅巴後，巴人相對獨立的「民族國家史」結束了，多支部族分散遷徙。但秦以後，最初的巴人卻在歷史上消失了，只剩下史書上的點點遺跡。巴人失蹤是中國史學界的一大懸案，考古工作者苦苦追尋他們的蹤影，卻尋不到任何相關的蛛絲馬跡。就在巴人失蹤千年以後，神祕的夔門黃金洞為解開巴人失蹤之謎帶來了一絲希望。

　　據那些岩壁上的象形文字記載，巴人在一次戰爭失敗後，扶老攜幼全族逃入洞中，走到江邊洞口，發現是一條絕路。便用赭石寫下了他們的不幸，以傳後人。最後全體在洞中殉難，黃金洞就成了巴人的墳墓。

　　那麼，巴人是從哪裡進入黃金洞的呢？人們從奉節縣水桶嶺找到了黃金洞的另一個出口，這個洞口就是千年以前巴人的入洞口。西元前221年，秦國大將司馬錯滅掉了川西的蜀國後揮師劍門關，直取長江中游的巴國。古代巴人在湖北巴東縣遭到滅楚秦兵的追殺，落荒逃進黃金洞，秦兵將立即將洞口封死。巴人只得不斷住裡走，走了7天7夜，終於看見一線曙光，當他們歡呼著跑到洞口時，卻呆住了。黃金洞下面竟然是萬丈深谷，巴人進退不得，便用赭石在壁上記下自己的不幸以示後人，然後全體在洞中殉難。

寶藏傳奇神案──
探索寶藏蹤跡及背後不可思議的歷史真相

　　這支最後的巴人隊伍帶著他們全族的家當躲進了黃金洞，但考古工作者只在其中發現了兵器、家用器皿、骨骸及棺木碎片，卻未發現傳說中的金銀珠寶，但是如果是逃亡，洞內又怎麼會有棺材呢？有帶著棺材逃亡的民族嗎？傳說中的寶藏是否真的存在，又去了哪裡？黃金洞懸案，何日才能有定論？

【話說歷史】

　　中國歷史悠久，地大物博，究竟還有多少像黃金洞這樣可望而不可及的神祕地點未被涉足，未被瞭解？人們期待更多的發現之旅。

三星堆寶藏：
揭開古蜀國的神祕面紗

　　唐代大詩人李白那首膾炙人口的《蜀道難》不僅描繪了蜀道的險峻巍峨，也道出了古蜀國的歷史，樸素迷離，神祕莫測。四川廣漢甫興鎮上，這裡有一條被稱為馬牧河的古河道蜿蜒流過，在三星堆村形成一月牙般的河灣──月亮灣。河的南岸，是三個起伏相連的黃土堆與之相望，此處就是清《嘉慶漢州至》記載的三星伴月堆。這裡也就是古蜀先民生息繁衍之地，聞名中外的三星堆遺址。

　　3200年前，在三星堆因為一個神祕事件的發生，致使幾千件王國的寶器，歷經損毀埋於地下。由於沒有文字記載，那場祭祀儀式的原因和位置從此消失殆盡。

　　1986年，兩個商代大型祭祀坑的發現，震驚了中外學術界。上千件稀世珍寶赫然現世，轟動了世界。沉睡地下三千多年的青銅器，玉器，金銀器等文物出土，美輪美奐，神祕異常，使人們對人類祖先的生活充滿無盡的遐想，也給後人留下了眾多難解的謎團：

第一謎：三星堆文化來自何方？

寶藏傳奇神案──
探索寶藏蹤跡及背後不可思議的歷史真相

在三星堆挖掘的數量龐大的青銅人像、面具不歸屬於中原青銅器的任何一類。青銅器上沒有留下任何文字，讓人不可思議。

出土的「三星堆人」高鼻深目、顴面突出、闊嘴大耳，耳朵上還有穿孔，造型誇張神祕，看起來不像中國人倒像是外國人。與商周時期留下的青銅器所講究的氣度穩重莊嚴不同，三星堆青銅人像講究的是飄逸、超脫，充滿神奇的想像力。考古學家認為，三星堆人有可能來自其他大陸，三星堆文明可能是「雜交文明」。那麼，歷史上的三星堆究竟是怎麼樣的？

西元前3000年前後的四川盆地尚是一片荒蠻之地，其時當地居住著兩個大的族群：東南部的苗蠻族和西北部的羌人。根據古羌人的傳說，他們的祖先來自西北部的高原，他們到達現在的成都平原之後，曾與當地原始部落民族有過一段互相征討的歷史。後來，一個叫蠶叢的羌人首領稱王，由於蠶叢有縱目，後來的羌人就鑄了大量青銅縱目面具紀念他（《華陽國志·蜀志》：「有蜀侯蠶叢，其目縱，始稱王。死，作石棺石槨，國人從之，故俗以石棺槨為縱目人塚也。」），這似乎是古蜀人來歷的一個較佳解釋，但傳說畢竟是傳說。

第二謎：古蜀國為何突然消失？

古蜀國的繁榮持續了1500多年，然後又像它的出現一樣突然地消失了。歷史再一次銜接上時，中間已多了2000多年的神祕空白。關於古蜀國的滅亡，人們假想了種種原因，但都因證據不足始終停留在假設上。

水患說：三星堆遺址北臨鴨子河，馬牧河從城中穿過，因此有學者認為是洪水肆虐的結果。但考古學家並未在遺址中發現洪水留下的沉積層。

戰爭說：遺址中發現的器具大多被事先破壞或燒焦，似乎印證了這一解釋。但後來人們發現，這些器具的年代相差數百年。

遷徙說：這種說法無需太多考證，但實際上仍沒有回答根本問題：人們為什麼要遷徙？成都平原物產豐富，土壤肥沃，氣候溫和，用災難說解釋似乎難以自圓其說。那麼，古蜀國消失在歷史長河的真正原因究竟是什麼呢？

第三謎：神祕的器具從何而來？

三星堆出土的大量青銅器中，基本上沒有生活用品，大多數是祭祀用品。表示古蜀國的原始宗教體系已比較完整。這些祭祀用品帶有不同地域的文化特點，特別是青銅雕像、金杖等，與世界上著名的瑪雅文化、古埃及文

化非常接近。有學者認為，大量帶有不同地域特徵的祭祀用品顯示，三星堆曾是世界朝聖中心。

在坑中出土了5000多枚海貝，經鑒定來自印度洋。有人說這些海貝用來交易，是四川最早的外匯，而有的人則說這是朝聖者帶來的祭祀品。還有60多根象牙則引起了學者們「土著象牙」與「外來象牙」的爭議。「不與秦塞通人煙」的古蜀國，居然已經有了「海外投資」，讓人不可思議。

第四謎：三星堆出土的金杖有何寓意？金杖上的符號是文字？是族徽？是圖畫？還是某種宗教符號？

被解讀為「魚鳧(ㄈㄨˊ)王杖」的金杖，被視為三星堆之主的信物。這支金杖全長142公分，直徑2.3公分，黃金淨重約0.5公斤，是目前世界上已發現最長的金杖。金杖下端為兩個人頭像。上部刻有相同的四組紋樣，上下左右對稱排列。圖案中的每一組紋樣，都由魚、鳥、箭組成。一種觀點認為，金杖是蜀王的權杖。一種觀點認為，金杖是古蜀神權政治領袖集王權、神權、財富壟斷權為一體的標誌，象徵古蜀王至高無上的權力。還有一種觀點認為，金杖與神樹同義，均為古蜀人的神樹崇拜。但是，當時的四川沒有很多的金礦和銅礦，那麼這些金器、銅器是

從哪裡來的,目前並沒有一個明確的答案。

在金杖上專家們發現了7個奇怪的「符號」,但究竟代表什麼?目前尚無人能提出令人信服的解釋。從符號形狀上看,有點類似於甲骨文,但有關專家經考證後卻將甲骨文之說否定。專家們認為三星堆發現的這幾個符號可能只是一種圖騰,並沒有文字的功能,它與甲骨文其實是不同的。專家認為,這7個符號極有可能就是破解三星堆諸多疑團的「密碼」,但令人遺憾的是,目前這個「密碼」還無人能解。

雖經70多年的挖掘、研究,三星堆遺址及其出土文物的許多重大學術問題,至今仍是難以破譯的千古之謎。由於缺乏文字的記載,專家學者的種種推論終因無確鑿證據而成為懸案。但或許正是因為三星堆寶藏的神祕,才賦予了三星堆更加獨特的魅力,留給後人更多想像的空間。

【話說歷史】

隨著金沙遺址的發現,三星堆許多謎團得到了解答,但這個神祕的遺址至今仍存在不少未解謎團,等待真相大白的那天。

荊楚「國寶」：曾侯乙大墓寶藏

1978年夏，在湖北省隨縣一個叫擂鼓墩的地方，文物考古專家們發現了一座戰國早期大型墓葬，這就是令世人震驚的擂鼓墩曾侯乙大墓！

墓中出土了21具陪葬女屍，以及大量的珍貴文物：保存完好的加以銅木結構的彩繪漆棺、一批極珍貴的黃金製品（其中挖掘出的雲紋金盞重2156克，以其形體大、分量重、製作精美，在中國先秦考古中發現的實用金器中，實屬罕見珍稀，屬一級甲等文物）、一只青銅鑄造的「鹿角立鶴」、繪有青龍、白虎圖及書有二十八星宿的漆木衣箱，還有各類兵器、玉器，文物之多達上萬件。

其中最引人注目的莫過於一套65件的編鐘，鐘及架、鉤上共有銘文3755字，內容為編號、記事、標音及樂律理論，銘文多數錯金，這是迄今發現的最完整最大的一套青銅編鐘……到底是誰能夠擁有數量如此驚人且藝術價值極高的陪葬品？墓主人到底是什麼身分？陪葬女屍與墓主人是何關係？在挖掘過程中，考古人員發現了盜洞，但為何這座大墓還能保存得如此完整……眾多疑案，層出不窮，

撲朔迷離。

　　人們最關心的第一個問題——墓主人到底是誰？這一謎團在打開主棺後解開。

　　主棺裡有一具保存完好的人骨，同時，一件短柄銅戈引起了人們的關注，在銅戈上，依稀可見一行銘文：「曾侯乙寢戈」。古人視棺如寢，此戈顯然是墓主人近衛武士所持。而墓主的身上，佈滿金、玉、銅等陪葬品，達586件之多。

　　「諸侯死者，虛車府，然後金玉珠璣比乎身。」參與挖掘的考古學教授想起《墨子》中的這句話，並以此推斷，墓主可能是諸侯國曾國的君主，名乙，距今2450多年。

　　後來更多驚人的發現，一步步驗證了這一初步推斷。45處甬鐘上均有「曾侯乙作持」的銘文；而出土的各類青銅器，「曾侯乙」三字共出現208處，在考古挖掘中，同一人名作為物主如此多的出現於一座墓的器物上，還沒有先例。

　　足夠的證據和歷史文獻顯示，此墓墓主是曾侯乙，一個諸侯國，一曾國國君，姓姬，名乙，年齡大約在42～45歲之間。史書沒有記載他，甚至沒記載他的曾國，以致於專家們只能估計曾國就是史載的隨國。

　　隨著墓主人身分的揭祕，第二個問題又接踵而至，陪葬的21具女屍與墓主人是何關係？他們是否都是曾侯乙的妃子？

　　這21具女屍分葬兩處：東室8個即和墓主同葬於一室的，年齡在18至26歲之間，絕大多數為20至23歲。西室13個陪葬者年齡最小的只有十三、四歲，最大的不超過24歲。絕大多數年齡均在20歲以下。身高多數在145~155公分之間，不足110公分的僅一個，超過160公分的有3個。

　　為什麼要陪葬這麼多年輕的女性呢？她們生前都是做什麼的？考古鑒定專家在西室13個陪葬者的骨骼中發現她們的股骨脊比較發達，這一般只有長期使用雙腿雙腳的勞動婦女才有可能。

　　陪葬君王的女子當然不會是從事田間勞動的婦女，所以排除了這種可能，那唯一的解釋，就是她們生前都是跳舞和站著敲擊編鐘的女子，這樣才會致使股骨脊較為發達。由此看來，這些陪葬者主要是一些歌舞樂人。與此相反，考古鑒定專家在東室的8個陪葬者骨骼中沒有發現這個現象，可見都是養尊處優的曾侯乙的妃子。用這些年輕女子殉葬，正是當時的禮制。

　　那麼陪葬多少人才合適呢？這需要從古人的習俗中尋找解釋謎團的答案。他們認為7是一個輪迴，而每個人

只要輪迴3次便可以成為上天的主宰，曾侯乙的繼承者當然早就知道這個虛幻的「規律」，於是他們認真挑選了21位如花似玉的年輕妃子和歌伎陪葬，這些活生生的人就這樣被埋入黃土中，去陪伴早已作古的君王。

另外，人們心裡還有一個揮之不去的疑問：這樣一座曾被盜墓者盯上的大墓，為何能免受破壞，保存得如此完好？整個墓穴除了自然因素的損失外，所有物品都完好地陪伴在墓主人的身邊。這是一個令人費解的現象，既然知道這裡埋有寶藏，盜墓者卻不深入挖下去，到底是為什麼？現代科技最終揭開了這個讓考古工作者十分困惑的問題。

原來，曾侯乙墓墓區岩石和地下1～9公尺處都含有水，這些坑水由於受多種因素的影響而長期呈酸性，對於人的身體是致命的。因此，可以推測當時盜墓賊盜墓的場景：曾侯乙墓坑中積水很深，且這些積水有很強的酸腐蝕性，而當盜墓賊鑿開槨木後發現墓坑積水，哪敢拿自己的生命做賭注，只得悻悻離去。

2400多年前的曾侯乙恐怕也沒有想到，這種自然物質居然能讓他躲過盜墓賊的劫掠，進而避免了自己拋屍荒野的命運，更重要的是墓中寶藏也免遭被盜的厄運。

曾侯乙墓從發現、挖掘到考證，都帶有濃烈的傳奇色

彩，目前所能揭開的謎團，僅僅是曾侯乙墓萬千謎團中的冰山一角，更多的謎團需要獵奇者的孜孜以求，以便讓這座2400多年前的君王陵墓展示出更耀眼的光芒。

【話說歷史】

一個先秦國君，一座曠世大墓，一套震驚中外的大型編鐘，這就是曾侯乙墓。

一醒驚天下：
金沙遺址多懸疑

以前的人談起成都，浮現在腦海中的一直是：大熊貓、都江堰、武侯祠。六十年後，增添了一個很有分量的文化寶藏：金沙遺址。

2001年2月8日，四川省成都文物考古研究所接到一通電話。電話中說：一個建商在位於成都西部的金沙村施工時，挖出了很多像是象牙的東西，還有些小玉片，好像與三星堆有關係。就是這麼一通電話，揭開了一個震驚世界的考古挖掘序幕。

在接下來的挖掘中，金沙遺址出土的文物，無論從數量上還是從品質上，都讓見多識廣的考古專家們震驚、興奮、喜悅。目前，金沙遺址已出土各類金器、玉器、象牙器等珍貴文物6000餘件。考古專家初步判定，金沙遺址的年代大約是商代晚期到西周早期，即距今大約3000多年前。這些文物再現了商代晚期至西周時期古蜀文化的輝煌。數量驚人、品質上等的金沙遺址考古發現令人興奮，專家們的初步結論讓人振奮。然而，金沙遺址也宛如疑問叢生的驚悚電影，留給人們太多的懸疑。

　　首先，金沙遺址真的是三星堆文明遷移、延續、繁衍的地方嗎？在金沙遺址的挖掘中，考古專家們對挖掘出來的器物有一種似曾相識的感覺。從出土器物的形式上看，很多器物都與距金沙村大約30公里的三星堆祭祀坑出土的器物非常相似。其中，金面具、金冠帶和青銅小立人尤其如此。除了器物相似之外，相距不遠的兩處古文明遺址之間，究竟還有什麼更深的內在聯繫呢？

　　當年，在挖掘三星堆遺址時，其祭祀坑也曾讓人們迷惑不解。大量的象牙、青銅器堆積在一起，似乎是某種特別的儀式。而出土的文物中，很多都有被灼燒過的痕跡，有些則被人為地破壞過。金沙遺址出土的青銅器也一樣，有很多已經碎裂成殘片。難道這其中有從三星堆繼承來的特殊儀式嗎？如果金沙遺址真的是三星堆文明的繼續，那麼，為什麼三星堆的先民要離開故土來到金沙呢？太多的疑問困擾著人們，並挑起人們尋根問底的強烈欲望。

　　其實，兩個遺址出土的大小兩個極其相似的青銅立人也略有差異。三星堆的大銅立人的髮髻是別起來的，而金沙的小銅人則梳著辮子。對三星堆的研究顯示，凡是頭髮紮成髮髻的，都是身分較高的祭司，可能是宗教權力的掌控者，而梳辮子的可能代表著世俗權力。

　　這個貌似不起眼的差別，暗示了一個重大的歷史資訊。專家推測，三星堆王國的覆滅，很可能就是由於這個梳辮子的「世俗派」和絜髮髻的「宗教派」在權利分配上發生了問題，進而導致內部爭鬥。爭鬥結果使「三星堆王國」分裂，其中獲得權利最大的一部分人，可能就是金沙遺址的主人。他們從絜髮髻那個人手中奪得宗教權利，並在三星堆遺址南邊一點的金沙村建立了新的城市。

　　金帶圖案的問題也因此得到一種解釋：來到金沙的人只是三星堆先民中的一個種族，所以他們只用了圖案的一半。這個猜想告訴人們：三星堆文明並沒有突然毀滅，至少它的一部分百姓轉移到了金沙一帶，並延續著從前的文明習慣和記憶。

　　其次，3000年前的金沙何以產生如此之高的文明？金沙遺址出土的石磬、太陽神鳥、玉璋、玉琮，無不彰顯當時社會的高度文明。可是人們仍然不明白，為什麼在3000年前的古蜀王國會有如此高的文明？是什麼造就了它的發展？考古學者認為，成都平原屬盆地地區，周邊較高的地區當時很可能有著很高的文化。成都平原又屬於亞熱帶季風氣候，溫暖濕潤，雨量充沛，而且有很多的河流，當時茂密的叢林很適宜人類生存繁衍。正因如此，四周的居民開始慢慢向這裡聚集。來自不同地域的人，帶來了不同的

技術和藝術。各方文化在這裡聚集，於是這裡就形成了中國西南地區最重要的政治、經濟和文化中心之一。

再來，如此之高的文明為何沒有文字記載？金沙遺址出土的大量金器、玉器，顯示出當時精湛的工藝。金沙先民處於先進的農耕文明，但這種高度的文明到目前為止仍無法找到任何文字記載。難道當時沒有文字？在金沙遺址的挖掘中，出土了大量卜甲。但奇怪的是，在這些卜甲上沒有留下任何文字。古蜀王國這一段輝煌的文明因為缺乏文字記載，彷彿在3000年前突然神祕消失。

考古專家認為：商代晚期至西周時期，並非沒有文字，殷墟甲骨文就是最好的證明。在殷墟甲骨文沒有被發現之前，人們並不知道商周有文字存在。在殷墟出土的龜甲、獸骨上可以發現，商代晚期商王室及其他商人貴族，在龜甲、獸骨等占卜材料上記錄了大量的與占卜有關事項的文字，也包括少數刻在甲骨上的記事文字。這個時候人們才恍然大悟，原來商周不但有文字，而且相當成熟。

雖然目前金沙遺址中發現的卜甲上並沒有任何文字，但這並不代表古蜀國就沒有文字存在。現在挖掘的僅是金沙遺址中的冰山一角，更多有價值的金沙文化還有待進一步的挖掘。而文字並不一定都刻在卜甲上，它也有可能刻在其他可以刻字的材質上。因此，現在還不能下「古

蜀國無文字」的定論。

相信隨著對金沙遺址的進一步挖掘，金沙文明緣何未留下隻字片語的懸疑將終獲破解。

除此之外，金沙遺址還有許多未解之謎仍然困擾著世人：出土的金箔「太陽神鳥」是何寓意，它是如何被製作出來的？數量眾多的象牙來自何方？祭祀區、墓葬區又有著怎樣的故事？金沙遺址的發現，帶給人們歡喜和諸多的困惑。在未來的時間裡，隨著對金沙遺址挖掘的不斷深入以及新的考古發現，人們有理由相信，對金沙遺址的種種懸疑和猜測將得到逐一解答。而人類不就是在提出疑問、追尋答案的過程中，不斷完善對自身的認知嗎？

【話說歷史】

金沙遺址是繼三星堆之後的又一先蜀遺址，蜀國這個神祕的國度，何日才能真正揭開神祕的面紗？

西漢巨量黃金：
究竟消失在何處

價值千萬的黃金，在朝代交替之時，突然消失，原因何在呢？

楚漢戰爭時期，陳平攜帶黃金4萬斤，到楚國行反間之計；劉邦平定天下後，叔孫通定朝儀，得賜黃金500斤；呂後死後，遺詔賜諸侯王黃金各千斤；梁孝王死後，庫存黃金40萬斤；衛青出擊匈奴有功，受賜黃金20萬斤；王莽末年，府藏黃金以萬斤為一櫃，尚有60櫃，他處還有十數櫃。秦漢黃金之多令後世驚奇，但到東漢年間黃金突然消失，退出流通領域，不僅在商品交換中以物換物，而且以黃金賞賜也極少見。那麼，西漢時的巨量黃金到哪裡去了呢？學者們根據歷史，作出了種種推測和考證。

1、黃金實際上都是黃銅

從歷史上看，從秦漢黃金開採量上看，從對外貿易看，西漢不可能冒出那麼多黃金。人們慣以「金」稱號錢財，有可能把當時流通的銅稱作「黃金」。不過有人反對這種看法。因為漢代時金、銅區分極明顯，金的開採由金

官管理，銅的開採由銅官管理；黃金、銅錢都是當時流通的貨幣，黃金為上幣，銅錢為下幣，黃金的計量單位為斤，銅錢的計量單位為銖；黃金主要用於賞賜、饋贈；銅主要用於鑄錢和鑄造一些器物。黃銅和黃金涇渭分明。根本不可能混淆。

2、黃金造佛像

自佛教傳入中國以後，到處建寺，到處塑像，大到通都大邑，小到窮鄉僻壤，無不有佛寺，無不用金塗。加之風俗侈靡，用泥金寫經貼金作榜，積少成多，日消月耗，就把西僮時期大量的黃金消失殆盡。

但是史書明確記載，佛教傳入中國是在東漢初年，當時的佛教在中國並未站穩腳步，只能依附於中國傳統的道教和神仙思想，根本不可能大張旗鼓地修寺廟、塑神像，所以也很少用金塗塑像，即使有一些使用黃金，量也微乎其微，不至於使巨量黃金突然消失。而且西漢巨量黃金退出流通領域是在東漢開國時期就發生了，當時的佛教還沒有傳入中國。

3、對外貿易的大量輸出

西漢黃金突然消失是因為對外貿易，大量輸出國外

造成的。但是西漢時期，中國是世界上少有的經濟和文化都很發達的國家，是商品輸出國，只有少量的黃金流到西域、南海各國購買奇珍異寶，且並不常見，而且許多還是鄰國稱臣納貢而得，加上和漢朝有貿易往來的國家經濟相對落後，對黃金的需求量也很有限。相反的，西漢時期絲綢之路的開通，中國向西方國家輸入了大量的絲綢和布帛，換來了大量的黃金。如當時的羅馬帝國，為了獲得中國的絲綢產品用大量的黃金作為交換。

4、窖藏地下

科學家預測認為，有史以來人類在地球上共開採了9萬噸以上的黃金，而現在留在世上的只有6萬噸，其餘3萬多噸窖藏在地下。而且考古工作者也不斷發現地下窖藏的西漢黃金。以此說明西漢大量黃金突然消失，只能是公私窖藏於地下後因戰亂或人禍，藏主或亡或逃而使藏金失傳。這種說法似乎很科學，而且還有考古挖掘實物為證，西漢黃金消失之謎彷彿可以解開了。

但是無論是私人還是國家儲存巨量黃金的金庫總是留有線索的。絕不會因為一場戰爭或一場天災人禍後，所有的黃金擁有者都死去或忘記自己的財寶所在。如果是一部分因窖藏而消失還可以理解，而絕大多數黃金都因窖藏

而不知所終則難以理解。

5、黃金被作為隨葬品

西漢時期朝廷規定天下貢賦的三分之一供宗廟，三分之一用以賞賜、饋贈那些忠於漢王朝的文臣武將和敬待外國來賓，剩下的三分之一則用以營造陵墓，構建再生世界。而黃金作為當時的上等貨幣，是財富的象徵，其三分之一用於隨葬是完全可能的，而且這個推理和今日科學家的預測不謀而合。

但事實上，許多漢代的厚葬墓自埋葬日起就已成了盜墓者的目標，因為漢代有用玉衣隨葬的習俗，所以漢墓是盜墓者首選的物件，更何況是隨葬大量的黃金！埋葬在地下的並不限於黃金，還有銀有銅有種種奇珍異寶，為什麼唯獨黃金奇蹟般地消失了呢？

以上幾種說法看似很合理，但是都經不起推敲。西漢巨量黃金失蹤之謎仍在困擾著人們。

【話說歷史】

對於歷史上的寶藏一說，後人各執一詞，究竟藏於哪裡？是否真有寶藏？都值得考量。

西楚霸王奇案：
怪字藏寶之謎

　　浙江紹興歷史悠久，名人薈萃，景色秀麗，素有水鄉、橋鄉、酒鄉、書法之鄉、名士之鄉的美譽，更因魯迅先生而廣為人知。但是，紹興一個叫項裡村的小村莊，卻因為流傳著一個傳說，引來了更多獵奇者的目光。

　　相傳楚漢相爭時，西楚霸王項羽失敗，在烏江自刎而死，還留下所謂的「霸王寶藏」。據說項羽曾在浙江紹興的草灣山祕密練兵，在離開前，項羽因為感念村民的幫忙，想留下十二個金鑼作為禮物，但大批寶藏又不知道該給誰，最後只得將這些寶物埋藏起來，並留下了「藏寶圖」——當時項羽在石碑上，留下幾個神祕的字元，據說，誰能破解這些字元，就能找到當年項羽埋下的藏有12面金鑼的寶藏。但一直以來沒有人能破解神祕字元，關於寶藏和字元的傳說，成了紹興當地一大謎團，至今無人能解。

　　所謂的「項羽藏寶圖」，就是刻在草灣山一側大石上的印記，是用鋒利的銳器所刻，深7～8公分，寬約5公分，所刻的筆劃都是橫和豎，方方正正，有的組成幾個大

小不等的矩形。字元樣式古樸，不似篆文，也不似金文，整個圖形不像是寫的什麼字，倒是酷似房屋的平面圖。隨著時光的流逝，整個字元的表面已很粗糙，各個筆劃的邊角已變得光滑。

兩千多年來，時時有人在山上發現該字元，但至今沒有人能解開字元的含義。還有傳說，明末清初的紹興著名學者張岱曾在草灣山住了數月，試圖解開字元之謎，但終究未能如願。乾隆遊會稽時聽聞該傳說，曾特地到項裡村附近查訪，但最後仍是失望而歸。

這藏寶圖存在了2000多年，為什麼就是沒人能揭開謎底呢？據當地村民介紹，草灣山上的神祕字元只是項羽所留「藏寶圖」的一部分，當年項羽將「藏寶圖」分別刻到幾塊石頭上，所以想要真正破解這個「藏寶圖」必須找到其他的「藏寶圖」，然後將它們拼在一起，這樣才能解開「藏寶圖」的祕密。如果真是這樣，「藏寶圖」到底是由幾塊石頭組成的呢？項裡村的村民無人知道。據稱，村裡也有好事者曾去尋找過「藏寶圖」的其他部分，但最終沒有結果。目前唯一被發現的就只有草灣山上那一塊。

那麼，12面金鑼是怎麼回事呢？據《史記·項羽本紀》上記載，項羽因叔父項梁犯命案，兩人一同避難吳中，並曾有一段時間生活在會稽一帶(即紹興)。在紹興當

地新近出版的一套鑒湖系列叢書中，對項羽和項羽寶藏的傳說更有詳細記錄，書中寫道：項羽為避難，在項裡村一帶隱居，得當地村民庇護。此後項羽募集8000江東子弟在附近練兵，鑄十二面金鑼日夜操練，金鑼質地80%為金，20%為銅，價值不菲。起兵前夜，項羽為報答村人，命士兵在附近連夜埋下十二金鑼，並在草灣山上刻下指引找到那十二金鑼的字元。

在紹興縣越國文化博物館，《康熙會稽縣誌》上有一段文字記載：「項梁、項籍殺會稽首殷通，舉兵於會稽。」這裡所說的會稽就在紹興附近，而項籍就是項羽本人。兩千年前項羽和他叔叔項梁殺了會稽縣首領殷通，起義造反。

項裡村幾位老者說「項裡村」的村名也是根據項羽而起的，不僅如此，項裡村內還修建了一座項羽廟，當地百姓尊稱他為項羽菩薩。據說這一習俗已延續了幾百年。為項羽修廟，這在中國各地也是屈指可數的。種種跡象顯示，項裡村與西楚霸王項羽有著千絲萬縷的歷史聯繫。

如果以上這些都是事實，那大若車輪的12面金鑼到底有多少的價值呢？1973年以來在陝西秦始皇兵馬俑坑中出土了大量的戰車，相當一部分戰車車輪的直徑在1.4公尺左右，如果說鑼大如輪，那麼項羽當年埋藏的12面金鑼，

每一面金鑼的直徑也應該在1.4公尺左右，這麼大尺寸的鑼，即使是在今天也是少見的。專家認為以當時的工藝水準，加工出這麼大的鑼可能性不大。

項羽埋藏12面金鑼這個傳說最讓現代專家懷疑的，除了製作工藝，還有就是鑼的含金量。早在春秋戰國時期，人們就發現如果將紅銅和錫按一定配方熔煉，就會得到響銅。銅鑼之所以能敲響，也是因為它是用銅和錫的合金加工而成的。祖傳的銅鑼的配方是銅占77.5%，錫占22.5%，這個配方一直延續至今。由於黃金的硬度很低，含金量達到80%，這個鑼就敲不響了，而且會特別軟，那麼也就失去了練兵傳遞信號的作用。難道西楚霸王當年留給項裡村百姓的不是金鑼，而是12面直徑不到1公尺的銅鑼嗎？世人不得而知。

如果不是鑼，那當年項羽用什麼指揮部隊傳遞信號呢？中國古代有一個詞，叫做「擊鼓鳴金。」指揮部隊作戰有兩件信號型樂器：部隊向前衝鋒的時候是用鼓，撤退的時候是用金。根據現在掌握的資料和考古發現，金指的是錞于。

在湖南省張家界博物館，其鎮館之寶就是國家一級文物虎鈕錞于。虎鈕錞于的壁比較厚，敲擊它時發出低沉的聲音，能傳出很遠的距離，所以項羽鳴金收兵敲擊的有

可能就是錞于。

但是錞于和金鑼兩者之間相差十萬八千里，為什麼傳說中項羽的藏寶是12面金鑼，而不是錞于呢？音樂研究專家的一席話，點破了其中的奧祕。

試想一下，當地老百姓沒有考古知識，完全想像不到錞于會是什麼東西，如果要讓這個故事口口相傳代代流傳下去，就要有一個通俗易懂的說法，於是，講故事的人就用另一個響器的名字代替了錞于，也就是鑼。所以，傳說中的鑼指的是相當於鑼的響器——錞于，而不是今天的鑼。但這只是一個假設。

奇特的符號，究竟是經文還是蝌蚪文？到今天沒有人能破解。寶藏還在不在？已經成為千古之謎！

【話說歷史】

一代梟雄，慘澹收場。但有關於他的傳說，卻在民間久久流傳，永世不朽。

千年樓蘭寶藏：
大漠中的奇寶

　　樓蘭，這兩個字是神祕的代言詞。談到樓蘭，許多人會不自覺地想到那漫漫黃沙中的殘垣，想到令人驚歎的「樓蘭美女」，想到……

　　樓蘭，最早見於中國西漢史籍。司馬遷在《史記》中寫道：「樓蘭、姑師邑有城郭，臨鹽澤。」還說它「出玉，多葭葦、怪柳、胡楊、白草，民隨畜牧，逐水草，有驢馬，多橐駝。」其實，司馬遷並沒有去過樓蘭，他是根據他同時代大使節張騫的報告寫的，張騫一生三次出使西域，很熟悉西域各國的情況。可見當時，樓蘭國由於地處絲綢要道，加上水土肥美，曾經極盛一時。可是後來，樓蘭古國卻消失在滿天飛卷的黃沙中，唐代大軍到達西域時曾經尋找過樓蘭，可是沒有找到，它只存在於邊塞詩人的想像之中。

　　盛極一時的樓蘭古城，難道憑空消失了嗎？時間來到1900年3月，瑞典探險家斯文·赫定與嚮導艾爾德克意外地發現了一座被風沙半沒的古城，並發現一些精巧的古城木雕，這使探險家欣喜不已，但當時他們的水只夠維持

兩天，因此，斯文‧赫定於第二年初春再一次來到這座神祕的古城，大肆盜挖了一個多星期，共掘獲了150件魏晉時期的漢文木簡殘紙、少量佉盧文書和大批漢、唐古幣及各類精美的絲織品和雕刻品。斯文‧赫定根據古城出土的佉盧文簡牘上的「Kroraina」一詞，認定這座古城就是中國古代史籍所記載的樓蘭。消息一傳出，立即轟動了世界。此後，樓蘭便成為塔克拉瑪干沙漠的考古聖地之一，樓蘭古物也成為各國冒險家爭奪的寶藏。

　　現在，由探險家和考古發現所揭示出來的樓蘭文明越來越清楚地展現在人們面前，這個處於東西方交通要道的走廊，彙集了東西方文明的精華。然而，這樣一個絲路商旅翹首以望的貿易中繼站，卻在西元4世紀之後突然人去「樓」空，成了一個黃沙覆埋的廢墟，究竟是什麼原因使昔日盛極一時的古國突然幻滅呢？

　　有人認為是水源日益不足導致環境惡化，生態失衡，糧食不足，樓蘭人在頑強地與惡劣環境做過鬥爭後，不得不放棄他們心愛的家園。司馬遷說樓蘭古城「臨鹽澤」，指的是樓蘭古城靠近一個叫羅布泊的湖泊，羅布泊是一個變化無常的湖泊，被稱為「會遷徙的湖泊」。羅布泊怎會遊移呢？科學家們認為，除了地殼活動的因素外，最大的原因是河床中堆積了大量泥沙而造成的。塔里木河

和孔雀河中的泥沙彙聚在羅布泊的河口，日久月長，泥沙越積越多，淤塞了河道，兩河便另覓新道，流向低窪處，形成新湖。而舊湖在炎熱的氣候中，逐漸蒸發，成為沙漠。水是樓蘭城的萬物生命之源，羅布泊是古樓蘭的生命之源，羅布泊的遷移，使樓蘭水源枯竭，植物死亡，導致氣候惡劣，樓蘭人留在這裡最終只是坐以待斃，於是只好棄城別走，樓蘭終於被風沙湮滅了，樓蘭古城也就在歷史上消失了。這一項說法從樓蘭古城遺址得到的漢文簡牘中可以找到相關線索，記錄中顯示，樓蘭士兵的口糧呈漸次減少的趨勢，甚至有「宜漸節省使相周接」之語。

也有學者認為，古樓蘭的衰亡是與社會人文因素緊密相連的，中國古代記載樓蘭古國的最後存在時間是在東晉十六國時期，這正是中國歷史上政局最為混亂的時期，北方許多民族自立為藩，相互戰爭。而樓蘭正是軍事要衝，兵家必爭之地。頻繁的戰亂、掠奪性的洗劫使樓蘭的植被和交通商貿地位受到了毀滅性的破壞。而這個沙漠邊緣的古國，喪失了這兩個基本要素，也不可能再存活下去。於是，它就變成了今天所見到的滿目瘡痍，殘荒斷壁的廢墟。

還有的認為樓蘭消失與絲綢之路北道的開闢有關。經過哈密（伊吾）、吐魯番的絲綢之路北道開通後，原經

過樓蘭的絲綢之路沙漠古道被廢棄，樓蘭也隨之失去了往日的光輝。

更有人認為給樓蘭人最後一擊的，是瘟疫。這是一種可怕的急性傳染病，傳說中的說法叫「熱窩子病」，一病一村子，一死一家子。在巨大的災難面前，樓蘭人只好選擇了逃亡，於是樓蘭國瓦解了，而那座曾經繁華過的城池，就在黃沙中漸漸敗落……樓蘭被遺棄、敗落的原因究竟是什麼？至今仍是一件懸案。

【話說歷史】

在大自然面前，人類顯得如此渺小。不管樓蘭古國消失的真正原因是什麼，人類如果不注重對環境的保護，維持生態平衡，很可能會再現樓蘭古國的悲劇。

敦煌藏經洞：
無價的經卷

在莽莽大漠之中，藏著一批經卷，在世界上掀起了一片狂瀾。這批經卷究竟價值多少？敦煌藏經洞原為敦煌高僧洪辨的影窟，可以利用的空間僅為19立方公尺，但其中卻藏有5萬餘卷古代文書和其他精美的文物，其中有佛教經卷、社會文書、刺繡、絹畫、法器等，還包括於闐文、突厥文、回鶻文、梵文、粟特文、希伯來文等現已成為「死文字」的多種文字寫本以及多項世界最早的創造。

敦煌藏經洞是在1900年6月22日由道士王圓祿發現的，見證了5～11世紀敦煌的繁榮歷史，也導致了一門新興國際顯學──敦煌學的誕生。

但是，數量如此眾多的文書、珍品為什麼會聚集在敦煌的洞窟裡面呢？當時的人是基於什麼原因將這些資料藏在這裡呢？關於這個問題，自藏經洞被發現後，學者們就一直在爭論著，至今大致可以歸納為以下幾種說法：

藏經洞為供養佛教法物之地：提出此說的文正義先生是一位僧人，他結合佛教理論與實際指出：寺院都有多

處藏經之地，一類珍藏供僧人自己誦讀的佛經，另一類珍藏在佛前供養的佛教內外人士發願書寫的經卷，兩者雖都是寺院藏書，但卻有著本質上的區別與不同。前者多典藏於寺院的藏經樓，而後者則供養或密藏在石龕、石窟等特殊的地方。

根據敦煌藏經洞中經書保存時間長、經卷沒有系統、有無壞經文的特點，推斷藏經洞應為寺院供養經的藏經地。同時，莫高窟是佛教聖地，17窟是洪生前的禪堂，又是其死後的影堂所在，是一處十分莊嚴的地方，這也完全符合寺院供養法物存放地的環境要求。

另外，敦煌藏經洞內經藏的包裹方式，以及堆放的層次關係，都完全符合佛教裝藏或供養法物入藏的儀軌。而藏經洞之所以封閉則是一種極為虔誠的宗教行為。因為文正義先生為佛教界內人士，所以此觀點非常具有說服力。

藏經洞是三界寺的經藏室：三界寺是敦煌的一座小寺，寺址就在莫高窟，藏經洞中的文獻即為三界寺的經藏擴充。持這種說法的學者認為，藏經洞中文物的最初擺放相當工整，且都標有佛經分類題名和千字文編號，佈局非常規整。同時，藏經洞中的資料基本為完好之作，也有很

多是從佛經等上面揭取下來，作修補佛經之用的，不應視
為廢棄物。

　　另根據研究，在藏經洞大量的佛經寫本中，引首為
三界寺的題名或印記者最多，這說明大多寫經是與三界寺
有關的，屬於三界寺的所有財產。更為重要的是，這些寫
經、題記中還有大量的三界寺僧人道真的題名，以及有關
道真為三界寺修補佛經的記載，這更為藏經洞是三界寺的
經藏室提供了有力證據。

　　廢棄說：這種說法主張敦煌藏書是在一次寺院藏書
大清點中，對大批無用的經卷、文書、幡畫、佛像等進行
的廢棄處理，就像是現在的廢物掩埋。

　　但是，佛教人士又不會對佛教用品進行損壞，於是
敦煌藏經洞就擔當了「廢物處理廠」的功能。

　　珍藏說：這種說法與「廢棄說」是相悖的，此說根
據藏經洞中物品的有序堆放以及文物中大量精美完整的絹
紙繪畫和卷軸、刺繡等美術品，認為藏經洞中珍藏的是寺
院佛經和資產，這也與佛教傳統的「石室藏經」有關，即
佛教中專門藏經之處。而且，藏經洞所在的位置也符合寺
院或石室藏經的方位關係。

　　不過，也有人認為敦煌藏經洞並不具有什麼特殊的性質，它的作用只相當於今天每個家庭都有的儲藏室，藏經洞內的物品，也就相當於放在陽臺上或儲藏室中的雜物。此說應和者不多，可視為一家之言。

　　目前，對於藏經洞的性質普遍認同的說法卻是「戰爭說」，即在西元1035年，敦煌被西夏人佔領，在破城之前，僧人將不便帶走的經卷、文書、法器等物進行了一次大規模的整理，然後將其放在洞窟之中，封閉了洞口。這只是在戰亂中力圖保護佛教資產的偶然行為，並沒有經過長時間的醞釀和準備，所以藏經洞並沒有明確的性質。與敦煌藏經洞的性質相對應，其封閉原因以及時間一般有兩種推測：

　　一為「廢棄說」：

　　該觀點的代表人物是匈牙利人斯坦因。1907年，斯坦因來到敦煌，買通了王道士，進入藏經洞。他從大量經卷中挑選了許多好的寫本、絹畫等，裝了29箱，於1909年運到了英國倫敦，入藏倫敦大英博物館。這是進入敦煌藏經洞的第一個外國人。他根據在藏經洞中發現的一些漢文殘頁、殘經卷、木軸、絲帶、絹畫殘片等，推測藏經洞就是存放敦煌各寺院廢棄物的處所，他還依據所見寫本和絹畫題記最晚為10世紀末的情況，認為藏經洞的封閉時間是在

11世紀初葉。

　　有些社會科學研究者也持此觀點，認為藏經洞中的經卷是失去了使用價值的廢棄物。因為，經過長期使用的佛經會有破損，又不許拋棄，只能另行收藏；敦煌寺廟也經常清點寺內的佛典及各類藏書，對於失去價值的就會進行汰舊更新。於是，那些破殘無用的經卷、文書與廢紙以及舊畫佛像就被封存在第17窟。日本學者藤枝晃則認為，1000多年前，「屏風式」佛經印本從中原傳到了敦煌，「卷子式」手抄本被取消後封存在石窟中。但大部分學者認為藏經洞的封閉是莫高窟僧人為躲避戰亂，而將不便攜帶又不忍丟掉的經籍文書、銅佛法器等藏在洞窟。

二為避西夏之難説：

　　1036年，西夏佔領了敦煌以及整個河西走廊。而藏經洞中的卷本所題年號，最晚為1002年，故推測藏經洞的封閉應在1036年以前，即西夏佔領敦煌之前，莫高窟僧人為保護經卷，將大批的寫經和文物封藏於洞中，並在洞壁外以佛像偽裝。

三為避黑韓之難説：

黑韓是唐宋時期中亞東部的阿拉伯國家，北宋初

年，黑韓勢力東擴，1006年攻滅於闐(今新疆和田)，並繼續東進。於闐陷沒以後，大批於闐人逃到敦煌，帶來了關於黑韓王朝滅佛的消息。為防備以伊斯蘭教為國教的黑韓王朝的進攻，於是，當時駐守敦煌的軍、政、僧界官員將佛教文物封藏起來。

四為避道教之難說：成吉思汗西征時，其軍師丘處機道士與佛教為仇，每到一處必毀壞佛物。而敦煌石窟在元朝以前為大佛寺，寶藏甚豐。為免遭浩劫，故敦煌僧人在蒙古軍隊到來前將佛教文物祕藏石洞。

【話說歷史】

究竟是什麼原因讓如此之多的經卷藏身於莽莽大漠之中，至今仍然是一個謎。

西安何家村：
遺寶之謎

誰是何家村珍寶的主人？又因何將其遺失千年？

1970年10月5日，在陝西西安南郊何家村的一個建築工地上，人們意外地發現了一處唐代窖藏，其內容的豐富和精美十分罕見，震驚了中國和世界，因此考古學家將它命名為何家村遺寶，這是二十世紀唐代考古的一次劃時代的重大發現。其實只要稍微對何家村遺寶予以關注，每個人都會被其璀璨奪目的雍容富貴所吸引。而這些千年珍寶遺留下來的謎題也同樣令人著迷。

何家村金銀遺寶當年挖出之後，有段時間一直祕不示人，即使是何家村村民們也無從知曉。直到1971年6月，在北京故宮慈寧宮舉辦的「全國出土文物珍品展」上，何家村窖藏出土文物才首次與世人見面。在何家村遺寶出土之後的很長時間中，許多人都認為這些寶物的主人是唐邠王李守禮。其父章懷太子李賢是武則天為唐高宗所生次子，上元二年，曾被立為皇太子，後因遭武則天猜疑而被逼自殺。

近些年來，學者們又提出不同的看法。有考古學家

認為唐租庸使劉震可能是何家村遺寶的主人。作為尚書租庸使，劉震有機會接觸到大量的皇家物品，同時遺寶中有不少庸調的銀餅，也證明了這點。最重要的是，唐德宗時期涇原兵變時，皇帝匆忙中逃離長安城，劉震曾試圖攜財出逃未果，後叛亂被平定之後，劉震因投降叛軍而被朝廷處死，於是，在其宅院中遺留下了何家村的珍寶。

　　然而，雖然劉震是負責保管皇家物品的人，但是以租庸使這樣的身分，劉震又如何能擁有如此眾多皇家器皿及外國進貢物品呢？它們的主人如果不是劉震又會是誰呢？從遺寶出土的物品來看，錢幣眾多，早有春秋齊國「即墨法化」刀，晚有唐「開元通寶」金銀幣，西有東羅馬金幣，東有日本「和同開寶」，同時遺寶中還有數量龐大的不流通幣，也就是專門為宮廷賞賜、娛樂而製造的金開元和銀開元，錢幣數量繁多，種類豐富。那麼，它們的主人會不會是一位身居要位的錢幣收藏家？

　　何家村遺寶中還有成組成套的藥具和大量藥物出土，這些藥物在唐代均為名貴藥物，藥具中有貯藏藥物的罐、盒、鼎，煎藥的鍋、鐺、銚等，還有幾件被稱作石榴罐的純銀器皿。據專家表示，石榴罐式煉丹重要的工具。難道何家村遺寶的主人是一位與道教有密切關係的人嗎？如果遺寶的主人真的是位道教信徒，也一定是位尊貴的道

教信徒，因為在遺寶中出土的12條金走龍，只有達到一定地位才可使用。

　　遺寶中有很多進貢物品，有的直接墨書有「進」字，表明是地方進貢，同時也有外國貢品，像獸首瑪瑙杯即使在唐代也是極品外國文物，還有很多金銀器上有大量的墨書題記，它們記錄了包括存放物品的名稱、重量、數量，物品的使用方法和來源，以及金銀器自身的重量等，內容詳盡，仔細認真，這件大粒光明砂銀盒，它的盒蓋裡、外都有墨書題記，分別記錄了7種物品的數量和重量，另有一些帶墨書的器皿，明顯屬於一組，入庫時統一稱重並墨書標出，經核對絲毫不差，如果私人財物沒有必要做如此詳實的記錄，墨書題記應該是在收藏入庫時登記稱重留下的筆跡，這些器物出土時，墨書題記都非常清晰，說明它們自入庫登記後就再也沒有被使用過，同時還說明對這些器物的管理是相當嚴格的，所有線索都將遺寶的主人指向了唐朝皇室，也只有皇室才能擁有如此超貴價格的珍寶。

　　何家村遺寶中有一部分金銀器皿，雖然製作精美，但從紋飾上看尚未完工，在一件孔雀紋銀方盒上，正面對稱的兩隻孔雀相比較，左邊的腹部還未鏨刻出羽毛，腳下踩著的蓮蓬也沒有孔眼；這幾件鎏金小銀盒，蓋面上僅僅

刻畫出起稿線，而且起稿線細如髮絲，離紋飾加工的最終完成還有許多道工序，這些銀餅、銀鋌、銀板，上面有明顯的切削痕跡，似乎是作為原材料使用的，這是否表示，它們來自一處金銀作坊？專家們認為，當時地方或民間不可能有如此高水準、大規模的金銀作坊出現。何家村遺寶中為什麼會出現未完成品，至今沒有更明確的答案。

千餘件精緻豪華的器物濃縮著盛唐的生活印記，也彰顯了盛唐時代的社會之發達。遺寶的主人為世人們留下了這批遺寶，同時，也為世人們留下了許多至今無法解開的謎團。

【話說歷史】

這一個個千古之謎，吸引著喜歡它們的人們不斷追尋和探究，而這或許是何家村遺寶的另一種魅力。

撲朔迷離：
樂山大佛藏寶洞

　　著名的樂山大佛，又名淩雲大佛，坐落在四川省樂
山市峨眉山東麓的棲鸞峰，為彌勒倚坐像，面相端莊，坐
東向西，雕刻細緻，線條流暢，身軀比例勻稱，氣勢恢
弘，通高71公尺，是世界最高的大佛。佛像開鑿於唐玄宗
開元初年(713年)，完成於唐德宗貞元十九年(803年)，歷
時九十年。一千多年過去了，歲月流逝，物轉星移，閱盡
人間春色的樂山大佛依舊肅穆慈祥，心旌不搖。

　　樂山大佛因其高大雄偉，開鑿不易，自誕生之日起
就籠罩著一層神祕的色彩，其中大佛身上有「藏寶洞」就
是千古民間神祕傳說之一。歷代文人根據這個傳說編寫了
許多關於大佛尋寶的故事，文藝作品的介入使這個民間傳
說被渲染得更加神乎其神。那麼，在歷史上樂山大佛到底
有沒有藏寶洞？

　　1962年，樂山縣組織第一次較大規模地維修大佛，修
補前胸時，工人發現佛肚前有一個封閉的「藏臟洞」，它
的發現似乎印證了大佛身上有「藏寶洞」的千古傳說。這
個「藏臟洞」因位於大佛胸前的心臟部位而得名，是一

個高3.3公尺、寬1公尺、深2公尺的長方形人工開鑿的暗室。洞穴的封門石在兩位見證人的注視下被打開，室內情形令所有人大失所望，僅散亂地堆放著一些破舊的廢鐵和鉛皮。現場的兩個見證人，一人認為暗室堆放的東西應該不是原洞穴堆放的，而是被盜後的人為遺留物，且時間不會太遠，大約在清末民初；另一個則認為暗室裡的「廢鐵」應是「鎏金銅壺」，「鉛皮」似乎是破損的「鉛皮經卷」。

在開啟現場唯一有價值的就是封門石，封門石是宋代重建天寧閣的記事殘碑，此碑有可能原來是嵌在大佛胸前的。據有限的資料記載：「天寧閣」是因來人維修「大像閣」後為「大像閣」重新取的名字。那麼，「天寧閣記事殘碑」上的文字是什麼？為什麼要用此碑來封「藏洞」？至今仍是個謎。而謎團最大的就是大佛胸前的暗室，到底是何時所鑿？鑿洞的目的是什麼？原洞中究竟裝藏了些什麼？

專家分析，在佛身上鑿洞多見於泥塑、銅鑄的作品中，是佛經教義上允許的。藏洞內所裝東西一般是糧食、「五穀」及「五金」(金、銀、銅、鐵、錫)。「五穀」象徵菩薩保佑「五穀豐登」，「五金」象徵菩薩保佑「招財進寶」。還有的佛身藏洞內裝的是仿製五臟六腑的器皿或

經書帛卷，以此象徵「肝膽相照」或「真經永駐」。關鍵是這些藏洞大都開鑿在佛體背部隱蔽處，而樂山大佛開鑿的位置在佛心部位，這是前所未聞的。從開鑿此洞的長、寬、高規模來看，工程量較大，應是唐代同期工程，是造佛時的配套工程，也就是說施工者在設計時就考慮到了這個藏洞功能。

那麼這個藏洞究竟要藏什麼東西呢？一種觀點認為很可能是財寶。大佛建成前後募集金銀不少，如此大的工程，建成後的佛事活動一定很多。香火旺盛、八方朝拜，大佛寺廟收到的捐贈善款、奇珍異寶肯定也有很多。雖然利用佛身藏寶，況且是在「佛心」藏寶，跟佛經教義相違背，但若是前人考慮長遠，佛財歸佛，善款專用，將募集來的剩餘資金封藏好，在緊要時開啟用於維修，這種可能性應該是存在的。

也有人認為那就是「佛中有佛」。據一些文字記載，大佛是以寺廟「能仁院」中的彌勒石佛作為「小樣」進行鑿刻的。那麼大佛修成後，大佛的「小樣」應該怎麼措置呢？建造者肯定不能讓如此重要的「小樣」，即大佛的「前身」和「母本」失散了。據此推斷，大佛藏洞是在大佛修造後期考慮設計的，主要目的就是為了收藏「小樣」，也符合「心中有佛，佛在心中」的佛經教義。

　　不管最後的答案是什麼，有一點是不可否認的，那就是「藏洞」在歷史上曾被多次開啟，以致洞內的貴重物品早已蕩然無存。也許是在唐晚期會昌五年唐武宗的全國範圍內的滅佛行動中，「小樣」被掘出頂替大佛而慘遭搗毀；也許在唐末宋初就被盜寶者劫走；也許19世紀初四川軍閥陳洪范組織對大佛維修時就發現了大佛胸前這個藏寶洞，掠寶後再將大佛腳下的「天寧閣記事殘碑」移作封門石……

　　無論今人作何推斷，洞穴內畢竟沒有發現過金銀財物和「小樣」，神祕的大佛，神祕的寶藏，這團籠罩著樂山大佛的疑雲何日才能被撥開？

【話說歷史】

　　樂山大佛的神祕吸引著許多人的目光，但是，不管大佛的藏寶洞裡是否曾經收藏過什麼寶藏，世人們都無法忽略其在文化藝術上的價值，樂山大佛是古代勞動人民又一辛勤與智慧的結晶。

天王府：
太平天國的窖金懸案

　　鴉片戰爭後，清政府將大筆軍費和各個不平等條約中的巨額賠款，都轉嫁到了廣大勞動人民的身上，使農民不堪重負，清朝國內階級衝突空前激烈，農民起義風起雲湧。1851年，農民起義領導人洪秀全發動了金田起義，並建立了與清王朝相對峙的農民革命政權——太平天國政權。

　　洪秀全建天朝宮殿時，是傾「全國」所有，掠各地寶物於宮內，其他王府也都藏金。太平天國兵敗南京之後，清朝政府曾下令追繳國庫裡的財寶，但曾國藩以「城內並無賊庫」的回覆，否認了天王府存在財寶的推斷。

　　近年來有一則新聞報導稱，廣東韶關始興有個「曾氏銀庫」，當年曾國藩之弟曾國荃率湘軍主力進攻天京，掠奪來的太平天國財寶，有一部分就藏在這裡。這則新聞在網路上迅速傳播，讓早就眾說紛紜的太平天國藏金之謎更是雲遮霧繞。而曾是太平天國首都的南京(天京)，天國藏金的問題再次成為關注的焦點。太平天國起義失敗後，到底有沒有留藏大量金銀財寶？如確有祕密的藏金庫，它又在哪？有沒有被人挖掘出來？這一直都是眾說紛紜、撲朔

迷離的懸案。

在太平天國創建之初，就頒佈實施了「聖庫」制度。這種制度規定，一般的太平軍身上除了極少量的錢財之外，不能多帶。凡是戰鬥當中繳獲的所有錢財，全部要上繳到聖庫。人們生活的必需品由聖庫統一配給，百姓若有藏金1兩或銀5兩以上的都要問斬。1853年，太平天國定都天京後，更是頒佈了《天朝田畝制度》，進一步明確了「聖庫」制度。作為供給全城居民和軍隊的「聖庫」，其財物之多，可想而知。聖庫制度使得太平天國的財富高度集中，為窖藏提供了可能。而洪秀全進入天京後便脫離了群眾，避居深宮。如果沒有其親許，任何人都不能進入天王府，天王府是他唯一信賴和感到安全的地方，如果要窖藏的話，最有可能就在天朝宮殿地下。

1864年，湘軍進入天京後，燒殺姦淫，肆意搶掠，洗掠全城三天，可稱得上是撈盡了全城財物。因為民間一直流傳太平天國非常富裕，「金銀如海，百貨充盈」，湘軍們懷疑還有更多財寶窖藏在地下深處。

為了查出太平天國究竟有沒有藏寶，曾國荃嚴審李秀成，曾國藩也派幕僚訊問李秀成，其中有一條問：「城中窖內金銀能指出數處否？」李秀成在自述裡十分巧妙地作了委婉敘述，分別引出「國庫無存銀米」、「家內無存

金銀」的結論，搪塞了曾國藩。

　　但是，曾國荃知道，天京城陷時，太平軍的口號就是「弗留半片爛布與清妖享用」。於是，曾國藩、曾國荃相信，天京一定很富有，城陷之後，湘軍到處掘窖，就連曾國藩在給朝廷的奏報裡也公然提出「掘窖金」。不過，曾國藩後來在對朝廷的奏摺中卻稱：「偽宮賊館，一炬成灰，並無所謂賊庫者，然克復老巢而全無貨物，實出微臣意料之外，亦為罕見之事。」並說除了二方「偽玉璽」和一方「金印」，別無所獲。

　　然而，這並不能說明曾氏兄弟沒有得到窖金，有的認為曾國藩在李秀成口供一畢，立即處死，是殺人滅口。左宗棠、沈葆楨也上奏彈劾曾國藩兄弟吞沒財寶。《能靜居士日記》中說湘軍「在偽天王府取出金銀不資，即縱火燒屋以滅跡」。1866年5月19日的《上海新報》上記載說，曾國藩的夫人由金陵回湖南，護送的船隻有200多艘。有什麼珍貴的東西需要這麼多的船來護送呢？答案是可想而知的。

　　另外，清人有筆記記載，洪秀全的窖金中有一個翡翠西瓜是圓明園中傳出來的，上有一裂縫，黑斑如子，紅質如瓤，朗潤鮮明，皆是渾然天成。這件寶物後來居然在曾國荃手中！可見，天京之戰曾氏兄弟獲「益」匪淺啊！

　　湘軍是否把所有的財寶都運走了？抑或根本沒有挖掘完？專家認為，當時曾家兩兄弟運金銀時比較倉促，很有可能沒運完，因為如果這筆財富過多，一定會驚動清政府，所以他暗度陳倉，取走其中一部分。而且，後來曾國藩再次來到天王府修繕，也沒有深挖，天朝宮殿下或許還有窖藏。

　　民間還流傳著別的說法：在南京，從前有個富麗堂皇的大花園「蔣園」，園主蔣某，綽號蔣驢子，據說他原來只是一個行商，靠毛驢販運貨物。因為有次運軍糧，得到太平天國忠王李秀成垂青，被任命為「驢馬車三行總管」。

　　天京被圍，內宮后妃及朝貴多用金銀請人辦事，「宮中傾有急信至，諸王妃等亦聚金銀數千箱令載，為之埋藏其物」。《紅羊佚聞・蔣驢子軼事》則說：「有金銀數千箱，命驢往，埋於石頭山某所。」蔣氏後來因此發財起家，成為近代金陵巨富。

　　《紅羊佚聞・蔣驢子軼事》中還說，民國初年，也有南京士紳向革命軍都督和民政長官報告「洪氏有藏在某處，彼親與埋藏事」，由此引起一些辛亥元老國勳的野心，「皆以旦夕可以財為期」，可是雇人四處尋找、挖掘，卻毫無收穫。

南京當年天王府遺址，至今西花園一角還隱約可以看出舊時面貌。南京解放時期，有人聽說窖金的事，甚至將西花園中湖水放乾，但卻一無所獲。天朝宮殿內的許多重要建築，如金龍殿、曖閣、穿堂及左右附屬建築也沒有被完全燒毀，至少舊址還在。

那麼，窖金的下落究竟如何？如今，人們只能在歷史的碎片以及民間的傳說中窺探到一些蛛絲馬跡，卻始終無法得到令人信服的答案。

【話說歷史】

轟轟烈烈的太平天國運動，在領導階層自身的局限性以及清朝和外國政府的圍剿下以失敗告終，被權力與金錢衝昏頭腦的領導者，最終沒能衝破封建思想的束縛，成為歷史大潮中洶湧漲起，卻又黯然消失浪花一片。

Chapter 2

國寶真相奇案：

當傳世國寶的離奇失蹤，何處覓其所在

禹王九鼎遺失案：
至尊寶鼎下落不明

春秋時期，隨著王室力量的衰落，強大的諸侯蠢蠢欲動。西元前606年，楚莊王帶兵攻打陸渾之戎，路經洛邑，特地擺開陣勢，炫耀武力。有名無實的周天子連忙派大夫王孫滿前去慰勞。楚莊王咄咄逼人，劈頭就問大禹所鑄九鼎大小輕重如何。王孫滿聽出他的弦外之音，嚴肅地指出：「在德不在鼎！」接著又回顧了九鼎轉手的歷史，並說如果本質美好光明，鼎雖小而猶重，反之，雖大猶輕。他進而指出：「周德雖衰，天命未改，鼎之輕重，未可問也。」

王孫滿不卑不亢的答覆，使楚莊王意識到自己還沒有取代周室的實力，只好偃旗息鼓。這就是廣為人知的「莊王問鼎」的典故，成語「問鼎中原」也是出於此。

那麼，大禹所鑄的九鼎究竟有什麼特別的含義呢？中國古代青銅工藝非常發達，為後世留下了許多青銅製作的珍貴文物，鼎就是其中的一種。鼎最開始是烹製食物的器皿，後來逐漸演變成貴族的權利和等級的標誌。九鼎相傳為大禹所鑄，後人將爭奪政權稱為「問鼎」，建立政權

稱為「定鼎」，就是因為三代以來，九鼎一直被視為王權象徵的緣故。

根據《左傳》記載，夏朝初年，夏王劃天下為九州，州設州牧。令九州州牧貢銅，鑄造九鼎，事先將全國各地山川奇異之物畫成圖形，然後分別刻於鼎身。九鼎鑄成後，陳列於宮門之外，使人們一看便知道所往之處有哪些鬼神精怪，以避凶就吉。據說此舉深得上天的讚美，因而夏朝獲得了天帝的保佑。

九鼎一出世，就蒙上了一層神祕色彩。後來九鼎的幾度易主，表示天命之所歸。可是，這傳說中的九鼎卻在周代以後，下落不明。那麼，傳說中的大禹九鼎是否確有其物？為何後來又離奇失蹤呢？有人認為秦始皇統一六國後，並沒有從周室奪到九鼎，相反的，關於九鼎失蹤的傳聞倒是說得像真的一樣。漢滅秦，也沒有見到鼎。劉邦登位時，秦王子嬰交出的只有皇帝璽。《戰國策》說周得九鼎時，每一個鼎要有九萬人來搬運，九個鼎要有八十一萬人來運輸，這可能嗎？近代古史辨派學者認為《戰國策》多誇大之辭，禹鑄九鼎是不可能的事實。

也有學者根據當代的考古挖掘，認為在夏代以前的一些原始社會遺址中，已經出土過銅器和青銅器。河南偃師的二裡頭遺址，學術界公認是屬夏王朝時期的，曾出土

銅爵、銅鑿等各式形狀的銅器，並且考古工作者還發現了坩鍋片、銅渣和陶範，證明夏人是完全有能力製造銅器的。至少從技術層面而言，禹鑄九鼎是可能的。僅憑古史傳說中的一些缺陷而否認禹鑄九鼎，恐怕也不見得是絕對有力。

那麼，傳承到周朝的九鼎哪裡去了？最早記載九鼎下落的是《史記》，但司馬遷對九鼎的記敘本身卻前後不一。如在周秦二《本紀》中說，秦昭王52年，周赧王死後，秦從洛邑掠來九鼎入秦。據此說法，九鼎應該是在秦後失蹤。但在《封禪書》中又說：「周德衰，宋之社亡，鼎乃淪沒，伏而不見。」據此說法，則九鼎早在東周末年便已失傳，與秦無關。這樣的記錄非但沒有解開謎團，反而使真相變得更加撲朔迷離。

西漢有個叫辛垣平的人，上書給漢文帝說：周鼎沒於泗水，現黃河改道，連通了泗水。他望見東北汾陰有金光寶氣，可能是周鼎出現。漢文帝聽了欣喜異常，在汾陰建了一座廟，恭請寶鼎降臨。可惜的是直到漢文帝駕崩，寶鼎都沒有降臨。

時至東漢，史學家班固在其所著的《漢書》中，對九鼎下落採取了「兼收並蓄」的手法，收錄了司馬遷上述的兩種說法，同時還補充一則史料，說是周顯王42年，九

鼎沉默在彭城泗水之下，後來秦始皇出巡經過彭城，曾驅使幾千人到泗水中打撈，結果還是一無所獲。

到了清朝，全祖望、沈欽韓等學者對上述傳統說法公開表示懷疑，並作了新的探索。王先謙在《漢書補注‧郊祀志》中除引用全、沈二家之說外，又作了進一步的發揮，其主要內容大致上可以歸結為以下幾點：

一、周人為防止大國覬覦；加上經濟困難，採取了毀鼎鑄錢的下策；對外則詭稱失蹤，不知去向。

二、史載秦滅周取鼎，為時人猜測之辭，並非事實。

三、秦人謬傳九鼎沉入泗水，秦始皇也受到愚弄。這些說法發人深思，但未必即為至論。

九鼎既然被周人視為天命之所在，也就只能與社稷共存亡，豈有因大國覬覦而自行銷毀之理？九鼎的出現和消失，給世人留下了許多難解的謎團。雖然九鼎被作為王權象徵的時代已經一去不復返了，但它作為中國進入文明時代的標誌，卻有其不可磨滅的意義。

【話說歷史】

伴隨著傳說而來，伴隨著傳說而離奇失蹤，禹王九鼎註定是最具神話色彩的禮器。

大禹九鼎之謎：
國寶存在與否

想當初，大禹即位後，一舉平定了三苗，為顯示權威，維護夏朝和諸侯國的統屬關係，大禹發出號令：命天下各州的首領務必前來塗山會盟宣誓。在會上，大禹對諸侯說：「此次盛會標誌著天下太平，華夏團結。今後如有圖謀不軌者，天下共誅之！」後來，為紀念這次盛會，大禹決定將各方進獻的青銅鑄成代表九州的九尊鼎。九鼎既然為國家社稷之象徵，就應被各國極端珍視，可是大禹九鼎的失蹤卻非常神祕。這是怎麼回事呢？

關於九鼎的內容，《山海經補注・序》中有相關描述：「收九牧之金，以鑄鼎。鼎象物，則取遠方之圖，山之奇，水之奇，草之奇，木之奇，禽之奇，獸之奇，說其形，別其性，分其類，其神其殊匯，駭視警聽者，或見或聞，或恒有，或時有，或不必有，皆一一畫焉。」

《山海經新校正・序》中則記載了九鼎上面的文字：「按其文，有國名，有山川，有神靈奇怪之所際，是鼎所圖也。」由此可見，九鼎之上不僅有山川河嶽、草木鳥獸的圖，還有關於各種物象的文字介紹，簡直可以稱得

上是古代的地圖。

夏朝被商朝滅亡，九鼎就遷到了商朝的都城亳邑。商朝為周所滅，九鼎就遷到了周朝的鎬京。及至成王遷都洛邑，九鼎又隨之被安置在洛邑，謂之定鼎。這時候，九鼎已經成為「天命」之所在，代表著王權的至高無上、國家的繁榮統一，即所謂「鼎在國在，鼎失國亡」。西元前606年，春秋五霸之一的楚莊王勢力日益強大，一次，他興兵攻擊陸渾之戎，逼近雒邑郊外，威脅周朝，周定王無奈之下，為他舉行慰勞歡迎之禮，莊王就曾「問鼎小大輕重」，表明了他有滅周的野心。

秦始皇統一六國後，也一直在尋找九鼎。秦始皇二十八年（即西元前219年），秦始皇在泰山完成祭天大典後，曾專程來到彭城泗水之濱，派人打撈周鼎，但毫無結果。《史記·秦始皇本紀》中載：「過彭城，齋戒禱詞，欲出周鼎泗水，使千人沒水求之，弗得。」北魏酈道元的《水經注·泗水》則這樣記載：「九鼎淪沒泗淵，秦始皇時，而鼎見於斯水，始皇自以德和三代，大喜，使千人沒水求之，弗得，所謂『鼎伏』也。亦雲系而行之，未出，龍齒齧斷其系。故語曰：『稱樂太早，鼎絕系。』」這個故事在漢代民間廣為流傳，還被製成了很多畫像石、畫像磚。目前，已經發現的「泗水撈鼎」的畫像有數十

幅，畫面大同小異，基本為一條上有拱形橋的河，橋上正有車馬行人通過。橋的左右兩側各站一排人正在用力拉繩，繩子繫在柱子上，中間一人負責繩子的方向。繩子的另一端分別拴在銅鼎的兩個耳上，銅鼎剛剛被拉出水面，這時，從水裡躍出一條蛟龍將繩子咬斷，銅鼎又落入水裡。這就是《水經注‧泗水》中描述的故事大概，也是關於九鼎的最後記載，從此以後，九鼎從史籍中消失，其下落也成為千古之謎。

　　到了清代，歷史學家王先謙對九鼎的去向進行了長期的研究，提出了新的觀點。他在《漢書補注‧郊祀志》中認為：東周王室逐漸衰落，而各個實力雄厚的諸侯國卻虎視眈眈，力圖統一中國，取代周的地位。因此，象徵王權和「天命所歸」的九鼎，自然成為各諸侯爭相奪取的稀世國寶。而此時周王室已經入不敷出，為了解決財政困難，也為了避免諸侯國兵刃相向，前來問鼎，於是將九鼎銷毀鑄成銅錢，對外則詭稱九鼎已不知去向，這種說法雖有一定道理，但卻沒有歷史記載和實物的證實，不足為信。

　　由於大禹九鼎下落不明，且在北魏以後歷史全無記載，也有人開始懷疑大禹製鼎的真實性。但是史籍中有多處關於九鼎的記載。《墨子‧耕柱》曰：「昔日夏後開

（啟）使蚩廉折金於山川，而陶鑄之於昆吾……九鼎既成，遷於三國。」

《左傳》中也談到九鼎鑄造的情況：夏朝初年，朝廷劃天下為九州，州設州牧。夏令九州牧貢獻青銅，鑄造九鼎。造鼎之前，曾先派人將全國各州的名勝之地和代表性的奇異之物畫成圖冊，造鼎時即把這些畫仿刻於九鼎之上，以一鼎象徵一州。九鼎即為九州，分別為冀州、兗州、青州、徐州、揚州、荊州、豫州、梁州和雍州。各州以自然的山河為界。其中豫州鼎為中央大鼎，象徵豫州作為中央樞紐的地位。九鼎集中到夏王朝都城陽城，反映了全國的統一和王權的高度集中，表示夏王大禹成了九州之主。

【話說歷史】

關於大禹九鼎的爭論很多，大家各執一詞。九鼎究竟存在與否？如果存在，又在何處呢？

千古一璧失蹤案：
金鑲玉璽和氏璧

春秋戰國時期藺相如「完璧歸趙」的故事成為千古流傳的佳話，這件玉璧被戰國各諸侯國視為鎮國的寶藏，那麼它來自何方？又是誰發現的？它現在還在嗎？如果不在了，那它又是如何失蹤的呢？

和氏璧的來歷頗有些神奇。春秋時期，楚國人卞和在荊山得到了一塊寶石，滿懷赤誠地將它獻給了楚國的國王楚厲王。

可是楚厲王拿著這塊寶石端詳了一會，不但沒有獎賞卞和，反而以欺君之罪砍掉了他的左腳。後來，楚厲王死了，他的兒子楚武王登基做了楚國國君。卞和又拄著拐杖來獻寶。楚武王又讓玉匠們鑒別。這些濫竽充數的玉匠，未能識別出這舉世無雙的珍寶。他們煞有介事地回奏：「大王，那是塊頑石，不是什麼寶物！」卞和遭殃了，因為武王也昏聵無比，又叫武士砍去他的右腿。

楚文王繼位後，卞和仍堅持獻玉，不改初衷。可是，他已經失去了兩條腿，無法行走。只好讓人抬到山下楚文王經過的地方。他攔道痛哭，一直哭了三天三夜，眼

淚哭乾了，也哭出血來，人們無不為之感動。楚文王派大臣前去察看，那位大臣見到痛苦的卞和，便問：「你為何長哭不止？是不是為受兩次懲罰感到冤枉？」

卞和傷心地說：「我痛失雙腿沒有什麼，傷心的是明明是寶玉卻被說成是石頭，明明是忠誠的臣民卻被說成是騙子。」說罷又獻上璞玉。

使者回報楚文王，楚文王深受感動，於是命人鑿開璞玉，親自驗看。果然，裡邊是塊通體晶瑩剔透的碩大美玉，全無瑕疵。楚文王為這塊美玉取名「和氏璧」——因為這是卞和所獻的寶玉。卞和因此受到了善待，和氏璧也成為名聞天下的瑰寶。

楚文王得到和氏璧以後當做國寶，在楚國的國君手裡相傳了370多年。後來，「和氏璧」發現的消息很快傳到了各諸侯國，各諸侯國國君都想親眼看看這件寶玉。西元前333年，楚國吞滅越國，楚威王因相國昭陽滅越有功，將和氏璧賜給了昭陽。

可是就在這時，和氏璧竟失竊了，國寶的不翼而飛震驚了朝廷內外，人們紛紛尋找這件價值連城的寶玉，但始終沒有結果。幾十年後，突然有一天在趙國出現了，至於和氏璧是怎樣流落到趙國的，已成為歷史上的一個謎。得知寶玉流落趙國，秦國願意以「十五座城來交換」，藺

相如大智大勇，舌戰秦王，終於「完璧歸趙」。

西元前221年，秦始皇統一中國，終於得到了夢寐以求的和氏璧，並命令工匠把它雕成玉璽，即國印。秦始皇希望這枚國印能夠代代相傳，便叫宰相李斯用篆書刻下了「受命於天，既壽永昌」這八個大字。這樣，和氏璧就成了「國璽」，成了國家最高權力的象徵。

和氏璧成為傳國玉璽後，一個個曲折驚險的故事也由此誕生，這些都記載在《史記》這本文獻中。

秦末天下大亂，做了46天皇帝的秦二世胡亥在萬分無奈之下，把玉璽交給了劉邦。漢朝開國後，此玉璽便代代相傳，成為皇位交接的表證。

然而正是因為和氏璧成為了傳國玉璽，這使得傳國玉璽的命運多變，時而神祕失蹤，時而乍現人間。如此多變的命運，是否能夠最終保住和氏璧呢？如果不能，那和氏璧最終流落到哪裡去了呢？讓世人追尋歷史的腳步去探尋和氏璧的最終歸宿吧。

班固的《漢書》和範曄的《後漢書》為後人探尋國寶的下落提供了相應的線索。

傳國玉璽在西漢一朝平靜地度過了兩百多年，到王莽篡漢時，向兩歲的皇帝劉嬰索要玉璽。他的姑母皇太后不甘心國印落到外人手裡，一氣之下把玉璽摔在地上，玉

璽因此摔斷了一角。王莽登上皇位後，把摔斷的那一角用黃金修補好，仍奉為至尊至貴的寶物。東漢光武帝劉秀打敗了王莽，奪回傳國璽，此璽又成了漢家天下的象徵。

後來，在一次次改朝換代中，在一場場血腥的屠殺中，玉璽不斷易主，從曹操手裡轉交到漢獻帝，而後交給曹丕，到了西元589年，陳朝被隋朝消滅，玉璽又到了隋煬帝手中。

貞觀四年，即西元630年，攜帶玉璽外逃的隋煬帝的孫子楊正道終於把玉璽交給了唐朝。這顆玉璽經北周、隋、唐，一直傳到五代的後唐。後唐末帝李從珂為石敬瑭圍困自焚後，這顆玉璽也下落不明了。

北宋趙匡胤開國後，就未見有傳國璽的記載。以後的皇帝每個人都有自己的印章，而且不止一顆，但卻沒了傳國的玉璽。雖然後來的王朝也多有聲稱發現傳國璽的，但那都是為了證明自己「受命於天」而編造出來騙人騙己的。

和氏璧至此神祕消失在歷史中。時至1912年11月，馮玉祥發動兵變，把末代皇帝溥儀驅逐出宮，命令員警總監張璧和鹿仲麟等人尋找這枚傳國玉璽，還是沒有任何結果。今天，和氏璧仍不見蹤影，不論是從文物的角度，還是從皇權的角度，傳國玉璽都是無價之寶，可是玉璽到哪

去了？何日才能出現線索並讓它重見天日？這都是一個
謎。

【話說歷史】

　　江山不是靠玉璽來決定是否「既壽永昌」的，歷史已
經證明了這一點。製玉璽的人江山隔世即亡，那些得玉璽
的也從沒有一個「既壽永昌」的。

珍貴石雕遭碎屍： 「昭陵六駿」失二駿

　　民國初期，中國文化界發生一件舉世震驚的大案。這就是在1914年和1917年美國文化間諜勾結陝西軍閥盜竊昭陵六駿浮雕偷運出境事件。經過陝西人民的攔截抗爭，終於保存下四幅，其中最好的兩幅流失海外，迄今未能物歸原主。

　　昭陵六駿浮雕是李世民於唐貞觀十年（636年）11月埋葬長孫皇后之後，詔令雕刻的六匹駿馬，石刻中的「六駿」是李世民經常乘騎的六匹戰馬，它們既象徵唐太宗所經歷的最主要六大戰役，同時也是表彰他在唐王朝創建過程中立下的赫赫戰功。

　　據說六駿由唐初大畫家閻立本繪製畫稿，挑選優秀工匠刻在高1.7公尺，寬2.05公尺的6個石屏上。李世民為各駿親題讚語，由大書法家歐陽詢書丹於原石上角，殷仲客用隸書刻於座上，被稱為「三絕」。這是一組紀念碑式的浮雕，內容反映了真實的歷史事蹟，將神勇的六駿生動地再現在漢白玉大理石上。真可謂「秦王（李世民繼帝位前被封為秦王）鐵騎取天下，六駿功高畫亦優」。

　　20世紀初魯迅來西安講學時見到六駿神采，深情贊曰：「漢人墓前石獸多半是羊、虎、天祿、辟邪，而長安的昭陵上，卻刻著帶箭的駿馬，其手法簡直前無古人。」但是，這前無古人的六駿，卻在慘遭「碎屍」後，被盜運到了美國。事情到底是怎麼樣？翻開歷史，一起來探尋事情的真相。

　　據記載，19世紀後期歐洲出版過一本《世界名馬圖》，其中有一匹馬便選自昭陵六駿。此後，昭陵六駿的照片和拓片就經常出現在中外出版的有關中國美術的書中。清末民初，英國駐華公使把昭陵六駿縮小的拓本帶回倫敦，建議英政府收買昭陵六駿未果。就這樣，昭陵六駿在西方的名聲越來越大了。

　　1913年，一個法國的古董商，想搶在一個德國古董商之前弄到這些石駿，但在颯露紫、拳毛騧兩駿被盜運下山時，被當地農民攔截，混亂中，石駿被推下山崖，後被當時的陝西軍政府都督運到西安南院門保護。

　　關於二駿是如何從西安運送到北京的，歷來爭論不一。有人認為1914年美國文化劫掠分子畢士博，受美國費城賓夕法尼亞大學博物館的派遣，披著「漢學家」、「考古學家」的外衣，假考察之名來華，勾結當時陝西督軍陸建章及地方官吏，以24萬銀元盜賣了六駿中最優秀的兩

駿，即颯露紫和拳毛騧。盜運時，向群眾謊稱將此兩駿運往省城保存。

就這樣，在反動軍閥的庇護下，兩駿被美帝國主義盜運而去，現存在賓夕法尼亞大學博物館，1918年又來盜竊其他四駿，從渭水用筏載之東下，被西安政府騎兵追至潼關截獲。盜掠者為了便於裝運，掩人耳目，竟將完美石雕擊成小塊。

也有人認為是畢士博勾結中國古玩奸商黃某，在袁世凱的兒子袁克文和袁世凱的特務頭子陸建章的包庇下，於1914年把颯露紫和拳毛騧兩塊石雕運到美國去。

據學者陳重遠先生考證，畢士博重金收買了北京琉璃廠遵古齋老闆黃鶴舫（一作黃趙鶴舫），此人結識了許多達官貴人，與袁世凱之次子袁克文關係密切，傳說與袁是拜把兄弟，借袁克文之手取得了袁府運送物品的專用封條。黃拿著袁克文寫的一封信來到西安，找到袁世凱的親信、外放陝西當督軍的陸建章。信中說大總統要修袁氏花園，用昭陵六駿放在園中點綴。陸建章覺得六駿都拿走恐怕不好辦，就從中挑了最好的兩駿颯露紫和拳毛騧，打斷成數塊裝箱，派兵護送，暢通無阻地運到北京，轉手交給畢士博。而在幾個月後，二駿神乎其神地到了文物商盧芹齋的手裡。

　　事情的真相到底是什麼，至今仍沒有統一說法，因此這也成為中國近代國寶被盜的一件懸案。但不管是透過何種途徑，最終這二駿都落在盧芹齋手裡。

　　1916年2月，賓大博物館新建圓形無柱穹頂陳列大廳開放，經過畢士博牽線，館長高登邀請盧芹齋前來參加開幕典禮，高登希望盧芹齋提供包括兩駿等中國最好的文物在此大廳展出。

　　到1918年5月，盧芹齋把兩駿運到費城並開價15萬美元。到1920年年底，有位叫艾爾德里奇‧詹森的美國人，對賓大博物館捐了這筆錢，賓大又與盧芹齋討價還價，最終以12.5萬美元成交。現在，賓大博物館兩駿石刻的解說牌上，還有「詹森先生捐贈」字樣。

　　成功盜運了二駿之後，1917年，畢士博再度來華，又聯繫上黃鶴舫，密謀讓黃來到西安，買通了陝西督軍陳樹藩的父親陳配岳，打通了關節，把四駿打斷成多塊，裝入木箱，運到西安北郊渭河岸邊的草灘。為避人耳目，悄悄地裝上船，企圖由水路運出陝西，但被禮泉縣土紳發覺，立即張貼佈告，反對把國寶運出陝西。西安愛國民眾也紛紛進行抗議和聲討。當盜運之船東行到渭南縣時，渭河北岸張鈁、郭堅等起兵反陳，船隻被阻。

　　陳樹藩見眾怒難犯，只好派人將船追回，四駿交陝西

省圖書館保存。

　　舉世無雙的藝術品就這樣被貪婪的盜寶賊打斷，後來雖然有專家對其進行修復，且不論修復後效果如何，中國痛失國寶的傷痛是難以修復的。

【話說歷史】

　　如今，颯露紫和拳毛騧還遠在異國博物館，回中國團圓遙遙無期，希望透過以後的努力，二駿能回到故里，與其他四駿再聚首。

稀世字帖變賣案：
三希堂寶帖天各一方回歸難

　　這個案件要從76年前一個曾經震驚中外的歷史事件說起。1928年6月4日清晨，一列從北平開往瀋陽的火車在行使到瀋陽西郊一個叫皇姑屯的小站時，一枚預先埋好的炸彈將列車中部一節豪華車廂炸毀，當時赫赫有名的東北奉系軍閥張作霖被當場炸死。這就是日本帝國主義為侵佔東北而精心策劃的皇姑屯事件。

　　此時，在北平，有一個人，當聽到這個消息後，一下子從椅子上站了起來，不停地抹著額頭上滲出的冷汗，他就是當時的故宮博物院第一任院長易培基。

　　就在前一天的晚上，張作霖在離開北平之前，曾派人專門來找他索要一幅古人的書法名帖。面對權傾一時的軍閥頭子，易培基不能強硬拒絕，於是推說這件書法鎖在保險櫃裡，而保險櫃的三把鑰匙分別由馮玉祥等三人持有，無法打開。張作霖因急於離京，又不便將寶帖強行拿走，只好作罷。沒想到十幾個小時之後張作霖就被炸死了。望著那件險些與張作霖一同葬身火海的國寶，易培基深深地緩了一口氣。那麼躲過這一劫的究竟是一件什麼樣

的國寶呢？這還得從北京的故宮說起。

故宮博物院中的養心殿，是清朝自雍正後皇帝處理朝政和休息的地方。在養心殿東側，乾隆皇帝在他的寢宮特別開闢了一個小屋，用來賞玩他視為寶中之寶的三件珍品，而這間屋子也被乾隆皇帝特命「三希堂」。是什麼寶貝能從故宮中如此眾多的寶貝中脫穎而出，讓乾隆皇帝如此珍愛呢？

這三件寶貝就是大名鼎鼎的「三希寶貼」——東晉王羲之的《快雪時晴貼》；王羲之兒子王獻之的《中秋帖》和王羲之侄子王詢的《伯遠帖》。特別是《快雪時晴貼》上面，光乾隆皇帝的印章就有幾十枚，御提詩十幾首。就這樣，「三希寶貼」在三希堂裡一住就住了200多年。後來，「三希寶帖」經歷了若干次命運的變化，並且一度流落民間。

那麼這個國寶是如何流落到民間的呢？清朝末年的一天，「三希堂寶帖」中的《中秋帖》和《伯遠帖》從宮中盜出，出現在一家小古董鋪中，而幾天後一位名叫郭葆昌的人來到這個小古董鋪中，他一看到這兩件只聞其名，不見其形的深宮寶貝，當即以千兩黃金收入自己府邸，並且深藏家中不示外人。從此三希寶貼，兩件流入民間，一件藏於深宮之中。

　　時間轉瞬到了1932年。有一次郭葆昌請當時的故宮博物院院長馬衡在家中吃飯，也許是酒後炫耀自己的收藏，也許是談到故宮的文物而說了真情，郭葆昌將《中秋帖》和《伯遠帖》兩幅寶帖取出來，展示在馬衡面前。

　　作為故宮博物院的院長，馬衡震驚了。他知道在1925年故宮博物院成立以前，紫禁城裡的大批文物珍寶被偷盜變賣，流散丟失。此時，他正在為整理和尋找這些文物珍寶而奔波。沒想到卻在這裡與大名鼎鼎的《中秋帖》和《伯遠帖》意外相遇。如今三希寶帖在故宮裡只剩下了《快雪時晴帖》這一帖，面對連做夢都在尋找的寶貝，他多麼想馬上就把它們帶回故宮讓這三希寶帖重新團聚。

　　可是，這位郭葆昌自從將《中秋帖》和《伯遠帖》給馬衡院長看過以後，就將兩幅寶帖深藏了起來，再也沒有拿出來過。

　　對世人來說，就如同一塊石頭沉入了大海，誰也不知道它沉在了哪裡。如果不是後來發生的一件事情，也許「三希寶帖」中的兩帖將永遠藏匿於民間，誰也無法一睹國寶的風采，更不要說欣賞了。那麼，是誰讓郭葆昌收藏的《中秋帖》和《伯遠帖》重現人間呢？

　　要想知道答案，就得回到1949年，那時，國民黨政權已經崩潰，時局非常混亂。說來也怪，正是在這混亂之

時，沉寂了17年的三希寶帖中的《中秋帖》和《伯遠帖》
卻突然出現，這讓所有的人都感到匪夷所思。

　　1951年有個神祕的年輕人帶著《中秋貼》、《伯遠
帖》找到了剛剛組建的臺北「故宮博物院」，準備把這兩
件國寶賣給他們。當時，《快雪時晴帖》已經隨著大批故
宮文物被帶到了臺灣，缺的正是這送上門的三希寶帖的另
外兩帖《中秋帖》和《伯遠帖》。但是故宮博物院的館長
在驚喜之餘又表示無奈，因為他們實在沒有錢來購買這兩
件稀世珍寶，而這次失之交臂，又讓命運多舛的三希堂國
寶，失去了聚首的機會。

　　這個神祕男子就是《中秋貼》、《伯遠帖》的持有
者郭寶昌的兒子。

　　他當時急需用錢，在萬般無奈的情況下，將這兩件
國寶抵押給了香港的英國銀行，贖期為1951年底。隨著贖
期的日益臨近，贖金卻還是沒有籌到，持寶者焦慮萬分。
而英國方面在催促他還款的同時，也有意的想佔有這兩
件中國國寶，希望賣給英國銀行。就在這萬分危機的時
候，遠在北京的周恩來知道了此事。毅然在當時十分緊張
的財政撥款中，撥出35萬，購買了《中秋貼》、和《伯遠
帖》，並將這兩件寶帖重新送回北京故宮博物院。

　　從那以後，《中秋帖》和《伯遠帖》這三希寶帖中

的兩帖就一直保存在北京故宮博物院。

今天，當人們在為它們的坎坷經歷而感慨的時候，更為三希寶帖依然分處海峽兩岸，不能團聚而遺憾。

【話說歷史】

在那個動盪的年代，無以計數的國家珍寶或毀於戰火，或流失海外，「三希堂」寶帖雖然歷經波折，但經過各方努力終歸留在中華大地上，讓人們在惋惜三帖未能團聚之餘，亦感欣慰。

世界最大搶劫案：
命運多舛的圓明園

　　一百多年前的10月18日，在中國首都北京發生過一場人類文明的大劫難──火燒圓明園。圓明園是多災多難的，經過1860年那次閃電式的掠奪珍寶與焚毀全園建築的「火劫」，以及後來各種人為毀滅性的損壞，曾經的萬園之園千瘡百孔，傷痕累累，歷史不忍回顧。

　　西元1860年10月6日傍晚7點鐘，法軍敲響御園的大宮門。總管內務府大臣文豐出面阻擋，敵兵暫退。後來文豐四處找不到幫手，自知勢單力薄，只好投福海殉節。約過了1個小時，敵兵捲土重來，擊殺兩名門衛，強行衝進去了。在賢良門附近，與守園護軍交火，圓明園技勇八品首領任亮等人拼命抵抗，直至戰死。

　　瘋狂掠奪開始了。一開始「分贓」還顯得有些秩序，成立了一個兩國高級軍官組成的「戰利品委員會」，負責挑選出最好的物品呈送給法國皇帝和英國女王陛下，同時把最珍貴的物品保管起來，由聯軍日後平分。

　　而後第二天，軍官和士兵們就不再能抵抗物品的誘惑力，都成群結隊衝上前去搶奪園中的金銀財寶和文化藝

術珍品。據參與、目擊者描述：軍官和士兵，英國人和法國人從四面八方湧進圓明園，縱情肆意，予取予奪，手忙腳亂。他們為了搶奪珠寶首飾，互相毆打，甚至發生過械鬥。

圓明園可搶的東西實在太多。據一個英軍目擊者稱，在整個法軍營帳內滿堆著很多裝潢異常華麗的各色鐘錶，在士兵的帳篷周圍，到處都是綢緞和刺繡品。因為園內珍寶太多，他們一時不知該拿何物為好，有的搬走景泰藍瓷瓶，有的貪戀繡花長袍，有的挑選高級皮大衣，有的去拿鑲嵌珠玉的掛鐘。有的背負大袋子，內裝滿了各色各樣的珍寶。有的往外衣寬大的口袋裡裝進金條和金葉；有的半身纏著織錦綢緞；有的帽子裡放滿了紅藍寶石、珍珠和水晶石；有的脖子上掛著翡翠項圈。有一處廂房裡有堆積如山的高級綢緞，據說足夠北京居民半數之用，光是搶運這些絲綢就使用了龐大的馬車隊，不是用繩子，而是直接用絲綢來捆綁車輛。甚至對皇家器皿(銀缽、商周青銅器、明清官窯、瓷瓶、罐壺、象牙等)，也一律用柔滑的絲綢包裹，塞入私囊。士兵們以昂貴的絲綢做被單、床鋪、營帳乃至擦鼻涕的手帕。圓明園的絲綢被席捲一空，海運歐洲。這是一條新的「絲綢之路」，血淚斑斑。但它已非中國的榮譽，而是恥辱。

　　侵略者除了大肆搶掠之外，被糟踏的東西更不計其數。有幾間房子充滿綢緞服裝，衣服被從箱子拖出來扔了一地，人走進屋裡，幾乎可遮沒膝蓋。工兵們帶著大斧，把傢俱統統砸碎，取下上面的寶石。一些人打碎大鏡子，另一些人兇狠地向大燭臺開槍射擊，以此取樂。大部分法國士兵手持木棍，將不能帶走的東西全部打碎。

　　當10月9日，法國軍隊暫時撤離圓明園時，這處秀麗園林，已被毀壞得滿目瘡痍。

　　英法侵略者究竟搶走了圓明園多少寶物，由於園內的陳設什物及其帳目都一併被搶劫一空，所以已經永遠無法說清。據清室史料顯示，圓明園內當時僅陳列和庫存的歐洲各式大小鐘錶即達441件，劫後倖存的只有一件大鐘。事後查繳被土匪搶走和侵略軍「委棄於道途」的一部分失散物件即達1197件，這充其量只不過是園內物件的千分之一二。

　　英法聯軍佔領圓明園的第一天，就縱火焚燒。12天後，英軍總司令下令再次縱火燒圓明園，大火整整持續5晝夜，連毗鄰的萬壽、玉泉、香山三山皇室建築也未能倖免。借助於火，對圓明園進行徹底的破壞，同時也是為了毀滅自己的罪證。搶劫者希望曾擁有無數珍寶的圓明園，只留下一把模糊的灰燼。美輪美奐的圓明園四十景，就這

樣灰飛煙滅。唯一能為後人的想像提供依據的圓明園四十景圖，現存巴黎圖書館內。

那麼，搶劫得手後，「戰利品」又何去何從呢？這時，形形色色的「拍賣會」應運而生。很多精美古董的紀念品就這樣，以一種純象徵性的價格歸個人所有了，許多珍貴國寶流失海外。

而所有流失海外的圓明園文物中，命運最為坎坷的要算圓明園的鎮園之寶「十二生肖銅首」了。這些銅首來自圓明園「海宴堂」西洋古建築前一個構思獨特，設計巧妙的大型噴水池，被人稱為十二生肖「水力鐘」。每個動物就是一個噴泉機關，每到一個時辰，相應動物口中就噴水兩小時。如子時是鼠噴水，丑時則換作牛噴水。十二個動物輪流值班，定時噴水，構成了連續不斷的噴水時鐘，遊人路經此處，只要看看當時由哪個動物噴水，就知道是什麼時辰了。1860年英法聯軍焚燒圓明園，這一奇特景觀從此消失了。十二生肖雕像哪裡去了？有人說「海宴堂」被焚毀後，咸豐皇帝的母親將其移放在南海居仁堂前。有人說這些生肖銅像尚存於世。

1980年，十二生肖銅獸首在國外發現7個，即鼠、牛、虎、兔、馬、猴、豬。其中牛、虎、馬、猴、豬在幾次拍賣會上出現。自1980年代保利集團斥鉅資從各處購回

國寶真相奇案——
當傳世國寶的離奇失蹤，何處覓其所在

牛、虎、猴、豬首，除已回歸中國的4件外，圓明園十二生肖銅像中，目前知道鼠、兔首由法國人收藏，「馬首」在臺灣，另外五件即狗、龍、蛇、雞、羊首仍下落不明。

這是一段不堪回首的屈辱史，這是一件令人心寒的滔天劫掠案，在這個案件裡面喪失的不僅僅是無以計數的奇珍異寶，更是中華民族自尊。

【話說歷史】

如今，人們只能在圓明園荒涼的遺址上想像盛極一時，富麗堂皇的圓明園，歷史已漸漸遠去，許多寶物卻仍不知道去向，世人相信，終有一天能讓這些流失在外的國寶，重歸故里。

敦煌藏經洞：
敦煌莫高窟經卷的流失

　　1907年6月上旬的一個深夜，在中國甘肅敦煌地區的沙漠裡，蒼茫夜色中，一支駱駝隊伍匆忙趕著路程。

　　這個駱駝隊，正馱著中國近代史上一次震驚世界的重大事件。駱駝隊的背上，是足足29箱上萬件中國敦煌莫高窟出土的西元5世紀至11世紀的經卷文書、繪畫及各類文物。當這29箱珍寶在英國出現後，立刻轟動了全世界，隨即迅速引來西方各國探險家對敦煌文物的瘋狂掠奪，造成了中國文化史上的一次重大劫難。

　　這些文物是如何被發現並被帶到西方的？這支駱駝隊的主人是誰？敦煌被帶走了哪些珍貴文物？這裡面又隱藏著怎樣的內幕？這一切，都離不開一個道士和一個神祕的洞穴。

　　敦煌莫高窟石窟群建立在今天的敦煌市東南部25公里的鳴沙山東麓的斷崖上。自西元366年開始，經歷代連續修鑿，現存石窟700多個，古代雕塑3000餘身，壁畫4500餘平方公尺，堪稱一部中國古代藝術史的百科全書。而在20世紀初發現的莫高窟藏經洞，出土了近五萬卷古代文

獻，成為這部百科全書中最為璀璨的明珠。

1898年左右，已過不惑之年的王圓祿道士來到了敦煌莫高窟住了下來，並積極地整修當時已很破敗荒涼的洞窟。某日，在中國西北之一角的敦煌，王道士偶然間打破壁畫，驚訝地發現有一個洞口，裡頭有「白包無數，充塞其中，裝置極整齊，每一白布包裹經十卷。覆有佛幀繡像等則平鋪於白布包之下。」王道士把這一情況報告給了當地知縣。而此時的清王朝搖搖欲墜。東邊，八國聯軍的槍炮打破了天津的大沽炮臺，正在趕往北京的路上，清政府無暇顧及這批寶物，當局只命敦煌縣令檢點封存，由王道士就地保管。這時候，野心勃勃的斯坦因來了。

第一個將敦煌藏經洞文物盜運到外國的人，就是這個斯坦因。

1906年4月，斯坦因來到敦煌莫高窟，時任阿克蘇道尹的潘震對其禮遇有加，大開方便之門。斯坦因利用各種手段說服了王道士讓他進入藏經洞參觀。隨後，開始挑選洞內所藏文物，一直到5月28日，整整六天時間，斯坦因把藏經洞裡的所有文物選了一遍，挑出了自己認為最珍貴的寫本和畫卷。

斯坦因後來寫了本書，他這樣描述自己在藏經洞裡的所見：「只見一束束經卷，一層一層的堆在那裡，密密

麻麻，散亂無章。經卷堆積的高度約有10英尺，總計約近500立方英尺，剩下的空間僅能勉強容下兩個人。」

　　根據斯坦因的描述進行推算，藏經洞的容積大約是19立方公尺。滿滿的堆的全是歷代各種經卷文書畫卷，有四、五萬卷左右。這些藏書不全是抄寫的經書，其內容廣泛得難以想像：涉及各種宗教經典、儒家經典、文學作品、戲曲劇本、繪畫書法、聲韻資料、樂譜、古樂舞資料、天文曆法、算學、醫學、釀造、冶煉、鍛造、印刷、教育、農業、水利、體育競技等等。

　　斯坦因拿走的藏經洞文物，後來絕大部分藏在大英博物館。現在大英博物館內的敦煌文物，僅從文字來說，有漢文，突厥文，西夏文，吐蕃文，回鶻文，粟特文，佉盧文，梵文等，對於研究這些古老文化有著不可估量的價值。文獻內容幾乎涉獵了各個領域：天文地理、醫學穴位圖、軍事文書、世道小說、舞譜曲譜、算經、字帖、周易占卜、地契、賣身契，甚至還有當地學郎的習字畫稿。

　　斯坦因是第一個進入藏經洞的學者，也是歷史上第一個詳細勘察藏經洞的人。他把藏經洞的所有文物全部挑選了一遍後，曾想用2000兩銀子弄走藏經洞裡所有的東西，但王道士沒答應。經過討價還價，王道士允許斯坦因用200兩銀子換走之前挑選出來的畫卷和寫卷文書，再加

上55捆典籍寫卷。這就是斯坦因和王道士之間的第一次交易。

後來，他們又進行了第二、第三次交易。1907年10月8日，斯坦因的駝隊離開甘肅。至此，敦煌藏經洞文物開始向世界流失。斯坦因心滿意足地回到了英國，當這些文物在英國一露面，立刻轟動了世界。同時，王道士也迎來了一批又一批的掠奪者。

1908年2月25日，「識貨的」法國人伯希和出現在莫高窟前。「驚得呆若木雞」的伯希和自稱「每小時閱百卷，流覽典籍之速，堪與行駛中的汽車相比擬。」精通中國歷史的伯希和斬獲頗豐。

同年10月，伯希和到達北京，隨即把絕大部分敦煌文物偷偷運往法國巴黎。同時伯希和留下了一些自己感興趣的文獻，在對人炫耀的時候，引起了中國一些學界人士的注意。至此，敦煌藏經洞文獻流失的事情才在中國學術界公開。

1910年清政府下令將剩餘藏經洞文物運往京師圖書館。當時的相關檔數字顯示是：十八箱。這十八箱文物，也僅僅才8000多卷。且就是這剩下的八千卷，在最後運往京城的路上也是邊走邊丟，每到一地都要遭受當地官員的掠奪。

這就有一個問題，藏經洞的藏品大約有四萬多件，斯坦因拿走的有萬卷左右，而伯希和拿走了大約6000件。但最後運到京師圖書館的卻只有八千多卷了。

這裡似乎存在著至少一、兩萬卷左右的缺口。這麼多文書為何不見了？

伯希和離開敦煌後，王道士見奇貨可居，膽子越來越大，開始私藏經卷文書。但具體數目不詳，只知不停有外國人為了這些寶藏而來找王道士，而王道士也能不斷地拎出一捆捆的文書。

1912年，日本的橘瑞超和吉川小一郎探險隊到達敦煌，從王道士手里拿走500餘卷文書。

1914年，斯坦因再次來到莫高窟，從王道士手裡用500兩銀子拿走570卷文書。

1914年至1915年，俄國鄂登堡探險隊剝走北魏、隋、唐、五代等各時期壁畫多方，並盜走一些塑像，其拿走的藏經洞遺存文書具體數目不詳。

1924年，美國人華爾納到達敦煌，此人堪稱不折不扣的強盜。得到藏經洞文書三卷，並盜走唐代供養菩薩一尊。隨後用特製膠布沾走珍貴壁畫中他認為最為精采的部分，總面積32006平方公分。華爾納在揭取壁畫時採取的方式極其無知、愚蠢、拙劣、粗暴，導致珍貴的千年壁畫

受到了永久性的摧殘。

　　至此，藏經洞足足四萬多卷的古代文獻大部分被劫往國外，分散在世界各地。作為20世紀最偉大的考古發現之一，敦煌藏經洞文物的慘痛流失，成為一段中華民族無法抹去的傷心史。

【話說歷史】

　　敦煌在中國，部分敦煌文化卻被「巧取」到外國，這實在讓人歎息。

「北京人」化石失蹤案：
國寶人間蒸發

1929年，繼瑞典科學家發現兩顆「北京人牙齒」後，中國古人類學家裴文中，在北京周口店龍骨山發現了一個完整的「北京人頭蓋骨」，距今50萬年。而在此前，被普遍接受的最早化石記錄是西歐的尼安德特人，距今不超過10萬年。之後，裴文中又發現兩個，古人類學家賈蘭坡也連續發現了3個完整的「北京人頭蓋骨」化石。

1927年以後挖掘的「北京人」（包括北京人頭蓋骨）化石，一直保存在北京協和醫學院。

「北京人」頭蓋骨為什麼要保存在北京協和醫學院呢？在醫學院保存好好的「北京人」頭蓋骨後來為何又被拿出來？更讓人不可思議的是，這個國寶到最後居然消失得無影無蹤，這中間究竟發生了一些什麼事情呢？

「北京人」頭蓋骨之所以要保存在北京協和醫學院，這是因為當時協和醫學院是屬於美國的機構。儘管1937年盧溝橋事變後日本軍隊侵佔了北平，可是侵華日軍一時還不敢踏入協和醫學院。直到此時，「北京人」化石在這個「保險箱」裡還安然無恙。

國寶真相奇案──

當傳世國寶的離奇失蹤，何處覓其所在

　　為什麼要將這些原本保存在北京協和醫學院的「北京人」頭蓋骨化石轉移？而轉移的目的地為什麼又會選擇美國？1941年，太平洋風雲變幻，日美戰爭已迫在眉睫。為了「北京人」的安全，魏敦瑞提議把文物送到美國保存。由於種種原因，運送工作遲遲未能進行。

　　1941年11月20日，文物運送終於有了進展，化石開始進行祕密裝箱，其中計有北京猿人頭蓋骨5個，頭骨碎片15塊，下頜14塊、鎖骨、大腿骨、上臂骨和牙齒等147塊。全部用綿紙包好，裹上藥棉，再包上紙、細布、棉花，裝入大木箱，然後安全送到美國大使館。

　　按照預定方案，已經裝好箱的「北京人」頭蓋骨化石，連同一些其他「北京人」化石應該是在1941年12月5日早上，由美國海軍陸戰隊負責護送，乘坐專用列車離開北京，沿當時的京山鐵路向位於渤海岸邊的秦皇島進發，準備12月8日在那裡登上一艘由上海往北駛的美國定期航輪──「哈里遜總統號」。

　　可沒想到，在這個計畫實施過程中，珍珠港事件爆發了。

　　12月8日，日軍迅速佔領了包括協和醫學院在內的美國在北京、天津和秦皇島等地的機構，不僅「哈里遜總統號」中途「擱淺」，連負責運送「北京人」化石的美國海

軍陸戰隊的專用列車，也在秦皇島被截。美海軍陸戰隊的列車和軍事人員，包括美在秦皇島的霍爾姆斯兵營的人員頃刻成為日軍的俘虜，包括「北京人」在內的物資和行李則成為日軍的戰利品，列車與航輪沒碰上面，「北京人」頭蓋骨也神祕失蹤。

二戰結束後，中國、美國、日本都開展了對北京人頭蓋骨化石的尋找工作，但至今沒有這些珍貴化石的下落。西元1998年，以北京人頭蓋骨化石發現者之一、著名古人類學家賈蘭坡為首的14名中國科學院院士，呼籲有關人士行動起來尋找北京人頭蓋骨化石，而後有關部門了發出尋找北京頭蓋骨的呼聲，但由於牽涉到日本、韓國等國家，尋找很難取得進展。「北京人」到底在哪裡，目前有四種主要線索：

化石仍在美國？

西元1972年，美國總統尼克森訪華，隨行人員中一位金融家賈納斯對北京人頭蓋骨化石消失產生興趣。回國後，他懸賞5000美元尋找線索。一位美國老太太聲稱北京人頭蓋骨化石在她手上，開價150萬，並約定了見面地點。賈納斯看了女士拿來的照片，但非常遺憾，並不是失蹤的了「中國猿人」。

化石藏匿在日本？

北京人頭蓋骨撤離協和醫院後，按原計劃由美國海軍陸戰隊裝上哈里遜總統號運往美國，但是，太平洋戰爭一爆發，船隻卻成了日軍的「俘虜」，化石當然也被日軍截留。1942年，日本大張旗鼓地追尋化石，1942年10月，煞有介事地宣稱找到了化石與此後的不了了之，形成一鮮明的對照。因此，化石應該仍被藏匿在日本。

化石長眠在深深地海底？

曾經有人提供線索，經化石裝箱後，並沒有運到天津，而是運往秦皇島港，並在秦皇島港裝上了哈里遜總統郵船。可惜的是，郵船赴美途中遇難，沉沒在太平洋海底了。這一說法，有待科學的進步及對哈里遜總統號的探測和打撈才能證實了。

化石還靜臥在中國的土地上？

中國人類學家周國興根據多年的調查，提出了一條新的線索。在珍珠港事件爆發前夕，一個守衛在美國大使館和美國海軍陸戰隊總部通道門口的衛兵，親眼看見兩個人抬著一箱東西，埋在大使館的後院裡。據推測，可能是北京人化石。有趣的是，周國興已經找到了這個地方，只

是因為上面蓋著房屋，不便挖掘。事實的真相到底如何，
則有待於這塊神祕地域的開發，這些房屋的拆遷了。

　　「北京人」失蹤，不僅是中國，也是全世界、全人
類不可估量的損失。解開「北京人」失蹤之謎，是中國乃
至世界關心人類發展和學術進步的人們的願望。

　　【話說歷史】

　　在那個動盪的年代，許多國寶被盜走、被劫掠、被破
壞，「北京人」的命運如何，讓人難以預測，只能默默祈
禱它早日現身。

Chapter 3

古墓探祕絕案：

看古墓玄機，聽驚天祕聞

探祕中國第一位女將軍：
商代婦好墓之謎

女將軍，多數人的第一反應都會想起代父從軍的花木蘭，或者是楊門女將。將軍素來受人敬仰，女將軍就更讓人欽佩有加。尤其在冷兵器時代，一對一的較量講究弓馬武藝，實打蠻力在對抗中佔有絕對優勢。女子在體質上天生處於弱勢，能夠踏上戰場已殊為不易，花木蘭、穆桂英有此成就自然值得後人大書特書了。

那麼，中國的第一位女將軍到底是誰呢？

一個偶然的發現，打開了一扇神祕的大門。一個女人的名字，引出了一段千古傳奇。為什麼禮器和斧鉞與她同在？為什麼她死後埋在宮殿之側？殷商王朝的遙遠歲月，三千年前的風雲際會，這個女人究竟扮演著什麼樣的角色？

1976年春季，考古隊在小屯村西北的崗地上挖掘一處建築基址，在一處房基的下面發現了一座可能是在商代陵墓中唯一沒有被盜的一座古墓，也就是說，這很有可能是唯一一座墓主人可以考證的商墓，那麼這個墓究竟屬於誰呢？為什麼會有人被埋葬在國王生活和處理國事的宮殿下

呢？

在專家對出土文物進行整理和清洗時，發現其中有銘文的青銅器共210件，其中關於婦好的銘文就有109件。墓中出土的青銅鉞做工精細，形式威猛，兩面都飾有虎撲人頭像，這是軍隊最高統帥的象徵，一般人是絕對沒有資格手持這樣的銅鉞的。另外，一個大鼎引起了專家們的注意。這個大鼎外形厚重，文飾精細，重量僅次於後母戊方鼎，是目前中國出土的第二大鼎。尤其是其上刻著「后母辛」的字樣，根據考古科學的研究，「母」代表是兒子奉獻的，而「辛」應該就是墓主死去時的廟號，根據商代的習俗，以天干為廟號的人名，只有國王與王后。從這些出土的器物種類，還有器物上的銘文來看，證實了墓主人正是甲骨文中記載的那位英武的女將軍、尊貴的王后──婦好。

那麼，婦好究竟是一個什麼樣的人？首先，目前掌握的歷史資料告訴人們，商代中興之王武丁的妻子婦好除了是尊貴的王后，也是中華巾幗第一將。3000多年前，這位征戰四方的王妃披堅執銳，躍馬疆場，為商王朝立下了汗馬功勞。

據甲骨文記載，婦好曾多次協助武丁運籌帷幄，決勝千里，自己也經常親率士兵，披甲上陣。「辛巳卜，登

婦好三千，登旅萬，呼伐羌。」這句話的意思是婦好在領地徵召精兵三千，又會合了1萬多名普通戰士，向西部的羌方進攻。這是甲骨文中紀錄出動兵員最多的一次戰爭，最高統帥正是武丁的愛妻婦好。

武丁賞識妻子的指揮才能，封婦好為商王朝的統帥，讓她指揮作戰。從此以後，婦好率領軍隊征討四方，前後擊敗了北土方、南夷國、南巴方，以及鬼方等20多個小國，為商王朝開疆拓土立下了不朽戰功。

婦好墓中出土的兩件大型青銅鉞，刃寬達30多公分，重量近9公斤，頗似梁山好漢李逵的板斧。鉞上鑄有「婦好」銘文，這兩件大鉞正是她權力的象徵。在兵荒馬亂，執戈為武的年代，把軍國大事都交到一位女性手上，可見婦好在當時的顯赫地位。

另外，她是地位顯赫的祭司。婦好的重要性，除卻王后和一流的軍事將領的尊貴身分外，還顯示她擁有一個特殊的職位，那就是主持祭祀的占卜官。在她那個時代，人們迷信鬼神，崇尚天命，非常盛行祭祀占卜，特別是商王室和奴隸主統治階級，幾乎所有國家大事都要反覆占卜、祈問鬼神。因此，祭祀是最重要的國事活動之一。而掌握這項最高神職權力的祭司，要具有廣博的學識、崇高的地位，透過與鬼神溝通成為國家重大國事的實際決策

者。

　　按照商代禮俗，祭祀中奉獻的祭祀品上應該出現供奉人的名字。而在婦好墓中發現的大量青銅禮器，包括首次發現的商朝巨型炊器，上面都刻有「婦好」的銘文，可見婦好生前受命主持祭祀的規模之大以及參與祭祀活動的次數之多。其實在那個年代，能夠主持祭祀的人必定非同一般。但婦好崇高的威望、顯赫的地位、淵博的學識、帝王的信賴，這些條件使她自然而然地成為地位顯赫的祭司。

　　最後，她亦是嗜玉如命的紅顏。婦好的墓葬中共出土文物1600多件，其中的玉器就占了755件，可見婦好是一個嗜玉如命的人。其中最重要的一件玉器就是一個跪坐的玉人，專業術語叫「跽坐」。關於婦好墓出土的這個玉人，還有一個沒有被解開的謎團：那就是有一個不明物體從玉人的左側插入後背，從側面看得很清楚，許多專家都無法給它名字，暫時只好定一個名叫「柄形器」。人們對這個玉人有諸多的猜測：首先，這個玉人就是婦好自身形象，身後的柄型器應該是一個禮儀用具，但具體的作用就不得而知了。其次，這個玉人也可能是一名巫師的形象，那麼柄形器就有可能是一個法器了。但是這些說法都沒有足夠的證據證明它的真實性，所以只是人們的一種美好猜

測罷了。

　　婦好以及婦好墓留給人們疑惑的地方還有很多，比如為什麼婦好的墓會出現在宮殿區，而不是出現在王陵區呢？商代的墓葬上面一般都不會有房子，為什麼婦好墓上就有一座同時期的房基呢？諸如此類的歷史疑問只能等待日後有更多的考古學家們去為人們揭開謎底了。

【話說歷史】

　　在中國幾千年的文明史中，地位能像婦好如此顯赫的人屈指可數，一代女皇武則天，奢靡清后慈禧……歷史的煙雲難掩其功過，儘管對婦好的記載只是存在於寥寥無幾的甲骨之中，但這樣一位巾幗英雄，尊貴王后，還是隨著婦好墓的發現綻放其特有的光芒。

功過難定：
秦始皇陵修建地宮之謎

西元前221年，秦始皇統一天下，建立了當時世界上最強大的國家。這位在生前驕橫跋扈、性情不定的始皇帝，在死後留下的陵墓依然撲朔迷離，也成為中國考古史上最重要、最難破解的謎團之一。關於秦始皇陵的考古工作從未停止過，雖然近來又有重大發現，但陵園最大的祕密──地宮之謎，仍然深藏在地下等待後人挖掘。地宮是放置秦始皇棺槨和隨葬器物的地方，兩千多年來，深藏地下的地宮構成了先秦文化中最大的謎團之一。秦陵地宮內部結構情況，司馬遷在史記中做了詳細的記錄。

始皇即位後就開始修建陵墓，統一六國後，從各郡縣征來70多萬人，在驪山挖成既大又深的地宮，令工匠做了防盜的機弩矢，以水銀為百川江河大海，用機械相互灌輸，上具天文，下具地理，以人魚膏為燭，讓它永久不滅。秦二世胡亥下令後宮有子者從死，一群嬪妃宮女就這樣為秦始皇殉葬了，秦始皇屍體下葬和陪葬一切安置之後，所有工匠葬於墓道內，無一倖免。

1981~1982年，中國地質科學院物探所兩次測試，發

現封土中心部位有汞異常反應。經1988年以來的多年仔細勘探，發現了地宮周圍的地下宮牆，是用未經燒製的磚坯砌成，四面有斜坡門道，東邊五個，北邊西邊各一個，宮牆之內平面近方形的地宮，面積18萬平方公尺。考古學曾推斷，當時在墓室頂部繪畫或刻日、月、星象圖，可能保存在始皇陵。秦陵地宮頂部可能繪有代表天體的二十八星宿圖，地宮中部安排著百宮次位、宮觀台閣，下部是以水銀做成的百川江河、大海。

地宮的深度是研究者們爭議最大的地方。其中最大膽的推斷出自於歐洲核子研究中心的研究人員，他們推斷地宮的深度在500公尺到1500公尺之間。既然地宮達到了如此的深度，那麼，隨之而來就會產生一個工程技術上的問題，這就是採用什麼方式去處理地下水呢？在始皇陵附近的村民家中，散落著許多五邊形的石質材料，大小規格非常精確，經專家檢測，這是當年始皇陵地面建築的排水管道，兩千多年前的排水設施依然那樣堅固、結實，可見當年工程的嚴格。

在地宮結構的研究方面，研究人員的觀點代表了大多數人的意見，研究人員認為秦始皇陵地宮的結構形式，不可能超越時代，而應當和春秋戰國及秦漢時期的大型墓室結構近似，即多層臺階或近似方形的土壙，但其土壙的

規模應較目前已知的大型墓室大許多倍。《史記》記載，地宮內「以水銀為百川江河大海」。地質調查研究員表示：「透過物探證明，地宮內的確存在著明顯的汞異常，而且汞分佈為東南、西南強，東北、西北弱。如果以水銀的分佈代表江海的話，這正好與中國渤海、黃海的分佈位置相符。秦始皇曾親自到過渤海灣，所以他很可能把渤海勾畫進自己的地宮。」如果這被證實，說明秦代對中國地理就有了調查和研究，也是個新發現。

地宮中彌漫的汞氣體還可使入葬的屍體和隨葬品保持長久不腐爛。而且汞是劇毒物質，地宮中的水銀還可毒死盜墓者。近年來，陝西省秦俑考古隊在秦陵封土周圍進行了細緻的鑽探工作，考古人員在秦始皇陵四周找到了若干個通往地宮的甬道，發現甬道中的土壤並沒有人為擾動跡象。如果有朝一日秦陵被挖掘，那麼，人們就會發現一座燦爛文化藝術的文物寶庫，那將是人類歷史上無與倫比的最為壯觀的考古發現，到那時，所有關於秦始皇陵的一切謎底都將會大白於天下。

【話說歷史】

秦始皇的功過還真是不能用一句話就可以概括得了的！

「東方睡美人」：
馬王堆古屍千年不腐疑案

一團藍色火焰，喚醒了沉睡千年的神祕墓葬，五光十色的珠寶，色澤如新的隨葬漆器，埋藏2000年卻依舊清晰可見的藕片……這就是震驚中外的馬王堆漢墓！

1972年1月，考古學家對位於湖南省長沙市郊的這座巨型漢墓進行科學挖掘，除了大量的精美的陪葬品，最讓人驚奇的便是被稱為「東方睡美人」的馬王堆女屍——辛追夫人。

當墓主人在千呼萬喚中露出面容，在場的人都目瞪口呆：她不像一具古屍，皮膚仍舊是淡黃色的，按下去甚至還有彈性，部分關節能夠活動。女屍經過防腐處理後，被送到了湖南省醫學院。注射防腐劑時，女屍的軟組織隨即鼓起，後來才逐漸擴散，和新鮮屍體十分相似。這不僅是世界考古史上的奇蹟，而且也是人類歷史上的奇蹟。

透過對墓葬的挖掘考證，在解開辛追夫人的身分之謎後，更具挑戰性的問題擺在考古學家面前：她是因為年老或疾病去世還是死於處心積慮的謀殺？為什麼歷經2000多年的時間依然能保持屍身不朽呢？

　　為了進一步瞭解女屍的生理狀況，人們經過仔細研究，決定對古屍進行解剖，醫學專家被請來負責解剖。解剖結果顯示，女屍生前患有多種疾病：冠心病，多發性膽石症，日本血吸蟲病，第四、五腰椎間盤脫出或變形，右臂骨折等等，50歲左右死亡，屍體光滑的皮膚顯示，她並沒有忍受長久疾病的折磨，而屬於猝死。

　　人們在女屍的胃腸中發現了138粒還沒有消化的甜瓜瓜子，也就是說，在死亡前不到一天的時間裡，她曾經吃了大量的甜瓜，她一定是個喜好甜食的貪嘴的女人，人們聯想到，在墓中還發現了不少動物的骨骼，有獸類、禽類和魚類，牠們大部分都是女主人的食物，看來辛追是個非常講究吃喝的人。

　　醫生再次仔細檢查了辛追的生理狀況，發現她患有膽結石，一塊石頭就堵在十二指腸口，食用太多甜瓜會引起膽絞痛，而辛追同時還患有嚴重的冠心病，百分之七十的主動脈堵塞，由此醫生推斷，辛追死於膽絞痛誘發的冠心病。

　　能如此清晰地瞭解2000多年前人類的死因，在考古史上也是絕無僅有的事情，這得益於屍體良好的保存狀態。解剖結果說明，屍體只出現了早期腐敗的症狀，也就是說，當屍體暫時地被細菌侵蝕後，便成功地阻止了大自然

的進攻，時間就此停止了。

　　那麼，到底是什麼原因，使得在地下長眠千年的「睡美人」能出現屍體不腐的神奇現象？

　　在馬王堆女屍出土的時候，棺材裡注滿了一種紅色的棺液。專家們相信，這種液體是使辛追2000多年來不腐的「神液」。據相關專家化驗證實，紅色棺液成分複雜，之所以是紅色，是因為摻加了朱砂，朱砂的化學成分對人體是有害的，其中含有砷和汞，棺液中還檢測出了許多中藥的成分，這些東西泡在一起就成了深紅色。可以肯定，這種紅色液體具有殺菌作用，可以保證屍體不腐。

　　紅色棺液中的主要成分包括有機汞，也就是水銀。專家推測，辛追生前可能有服用丹藥的習慣。在古代中國，煉丹術是人們追求長生的主要方式之一，而煉出的丹藥，本身都含有汞等對人體有毒有害的物質，當時人們意識不到，但是汞對於細菌卻有殺滅作用。所以，雖然辛追生前濫服丹藥沒能長壽，死後卻陰差陽錯使得她的屍骨長久保存下來。

　　另外，在紅色棺液中還發現了一些中藥的成分。據介紹，在陪葬品裡，人們發現了大量的中草藥，從某種程度上支持了古人能夠配製防腐藥水的觀點。「這些化學物質的結合，是古屍保存的基本原因。」相關的專家說。可

是，為什麼當時比辛追地位高的人沒有保留下屍骨，而辛追卻可以？這起碼說明這種防腐藥水的配方是一個偶然因素形成的。專家認為，辛追2000年不腐「充滿了偶然性」。

除採取了得當的防腐措施之外，當時的環境一定非常乾燥，有利於保存，而且棺木密封很好，棺外有五千公斤的木炭和白膏泥包裹導致水不能滲入，和外界空氣隔絕避免了細菌對屍體的侵蝕，再者，馬王堆墓一直沒有被盜。地質條件加上人為因素，使得辛追的屍體奇蹟般保存下來。

但這些畢竟都只是專家的推測，直到今天，人們依然不懈地探求馬王堆女屍的不朽之謎，但沒有一種解釋能讓人完全信服。不腐女屍的疑案，還持續著……

【話說歷史】

「東方睡美人」──辛追夫人在享盡世間榮華後，在2000年後的今天卻因其不腐之身成為傳奇，命運使她在古今都不平凡。

沉睡千年的曾侯乙編鐘：
探索古代音樂藝術

兩千多年前，一個神祕的曾國國君曾侯乙在湖北省隨州市建造了一部盛大的皇家音樂宮殿。1978年，一次舉世矚目的考古發現，讓這些深埋地下的大量樂器和音樂文物重見天日。舉世無雙的曾侯乙編鐘敲響了穿越千年的遠古旋律，也敲響了中華民族那古老的夢。

1978年5月23日中午時分，曾侯乙墓挖掘現場，抽水機還在抽取墓穴裡的積水。當積水終於排乾，墓葬中室的景象立刻吸引了所有人的目光。65個青銅的編鐘整齊地掛在木頭的鐘架上，彷彿剛剛被埋入地下。2400多年來，它一直穩穩地站立在原地。這是世界考古史上絕無僅有的一幕，也是擂鼓墩古墓出土的最瑰麗的珍寶。編鐘沿中室的西壁和南壁呈曲尺形立放，總長度超過10公尺。

如此豪華的樂器陣容，讓所有看到它的人不禁都為之眼前一亮。古代人們的樂器製造水準實在是出人意料。於是不少的疑問又隨之而來。這些樂器都是些什麼？它們沉睡在地下數千年，還能演奏出動聽的音樂嗎？現代人怎樣才能利用它們演奏出動聽的音樂來？

古墓探祕絕案——
看古墓玄機，聽驚天祕聞

　　曾侯乙墓中的編鐘分為鈕鐘，甬鐘，鎛鐘三種，整套編鐘出土時候保存完好，只有個別有些小的問題，如上層第一組第三號鐘，因橫樑懸鐘的部位有豁缺，故此件鐘掉落於槨室。中層和下層也有個別掛鉤斷損，致使中層第一組有2件、第二組有1件、第三組有2件，下層第一組1件、第二組4件，也均掉於槨室。幸好鐘部完好無損，出土後只對這些掛件稍作修復，又都能掛於架上。這麼笨重的東西能夠如此完好地保存下來簡直是個奇蹟，同時也為人們徹底揭開2400多年前的音樂之謎打開了大門。

　　如果說，實物樂器可以使人們清晰地知道古代樂器的真實面貌，那麼這些沉睡了2400多年的樂器能否發出聲音？即使能發出聲音，是否還是兩千多年前的那個原音呢？揭開所有這些謎團需要一個關鍵的物證，那就是樂譜，而這時，考古工作者從編鐘身上找到了一些銘文。

　　於是解決問題的契機從釋讀第一行銘文開始了。每一件鐘上都有銘文，除上層第一組6件鐘和下層的2件鐘外，銘文皆錯金，至今仍金光閃閃，富麗堂皇。同時編鐘架橫樑掛鐘的部位和懸掛鐘的掛件上，還有刻文（銘文）。編鐘架橫樑的刻文內，塗以朱彩，加上編鐘架的彩繪，與金光閃閃的鐘上錯金銘文，更是交相輝映。因此，整套編鐘銘文，實際應該包括鐘體（每個單件的鐘）、鐘

架（橫樑）、掛件三個部分，這三個部分又是有機地聯繫在一起的，進而更便於對編鐘樂理的研究，並加深對編鐘的理解。

鐘架刻文與懸鐘的掛件上的銘文（或刻文）共有927字，主要是標明此處應掛什麼音的鐘。每件鐘上的銘文少則3字，多則達90字，共有2828字。

那麼，這些銘文的內容是什麼呢？據專家考證，有如下三方面的內容。

一是銘記，除鈕鐘以外，全部甬鐘的一面鉦部，皆有「曾侯乙乍（作）持」五字，表示為曾侯乙所製作和享有；二是標音，甬鐘和鈕鐘均有一面的正鼓、右鼓或左鼓（大多數為右鼓），標有這兩個部位所應擊發樂音的名稱，即階名和變化音名，如中層第三組6號鐘，正鼓為宮角，右鼓為徵；三是關於樂律樂理關係方面的內容。銘文中許多關於樂律方面的記載，不少涉及到音樂史方面的問題，有些是過去中外學者長期爭論而沒有得到很好解決的，如中國古代的十二律產生於何時，中國何時開始有七聲音階，等等，都能透過編鐘銘文得到解決或得出更明確的結論。所謂十二律，是中國古代的律制。律，即是指音調。用12個長度不同的律管（竹管），吹出12個高度不同的標準音，用以確定樂音的高低，這12個標準音就叫做

「十二律」。

而人們最關心的便是樂器能否發出聲音？音色是否還是兩千多年前的那個原音？經過音樂工作者的研究和試驗性演奏，一切疑問在動聽的敲擊聲中迎刃而解，事實證明它雖在地下埋藏了2400多年，音樂性能不僅依然保存，而且仍然很好，音色優美，音域很廣，變化音比較完備，其音階結構與現在國際通用的C大調七音階屬同一音列，中心部分12個半音齊備，可以旋宮轉調，故它能演奏古今樂曲，包括採用和聲、複調以及轉調手法的樂曲。而且它還涉及到中國古代樂器與傳統樂律學中的有關其他領域，包括樂律史地位、水準的重新估價與諸如音階、調式、變化音體系、唱名體系等方面的理論和運用的評價等。僅從編鐘的全部標音體系來看，就可知道近代樂理中的大、小、增、減等音程概念和八度位置的概念，早在2400多年以前，中國就有了自己民族的表達方法，進而提高了中國音律學在世界音樂史上的地位。

【話說歷史】

曾侯乙編鐘的出土，真可謂中國古代音樂藝術的瑰寶，是華夏之邦優秀的民族音樂財富。

銀雀山漢簡：
究竟是為誰而作

1972年4月，山東臨沂縣衛生局的工作人員來到了古城城南兩座低矮的小山上進行基本建設。這兩座山距離很近，景致卻有著明顯的不同。每到夏季，一座山上開滿了金雀花，而另一座山則開滿銀雀花，因此人們稱它們為「金雀山」和「銀雀山」。

施工過程中，工人們在銀雀山上發現了古代墓葬。經專家勘察證實，這裡是一處規模很大的漢代墓葬群。隨之，考古工作者挖掘了其中的兩座墓葬，並將其編為「一號漢墓」和「二號漢墓」。

這兩座漢墓中的陪葬物種類很多，有陶器、銅器、漆木器等，其中最重要的就是夾雜在陶器和漆木器中間的大量竹簡。

由於長年埋在地下，不斷被雨水浸泡，再加上器物擠壓，編綴竹簡的繩子早已腐朽，竹簡非常散亂，有些都已經扭曲變形，顏色也變成了深褐色，幸好，上面的字跡大部分還能辨認。最後，經過考古人員的認真清理，兩座墓中共出土了竹簡近5000片。

　　出土的竹簡分長短兩種，竹簡長的達27.5公分，短的也有18公分，它們的寬度一樣，都是0.5公分。每片竹簡上書寫了20至40個字，內容相當豐富。

　　秦始皇的焚書坑儒使先秦文獻付之一炬，史學家們每次從民間覓得一些前秦文獻的蹤跡都倍感珍貴。銀雀山墓葬挖掘出如此大量的、有價值的竹簡，在考古史上具有里程碑式的意義，被譽為中國當代十大考古發現之一。

　　重大發現讓人們欣喜，疑問也隨之而來：墓主人究竟是什麼人，為什麼要使用如此之多的竹簡陪葬？有人根據竹簡所記錄的內容推測，墓主人很有可能是一位將軍。

　　銀雀山漢簡絕大部分是古代兵書，有《孫子兵法》、《孫臏兵法》、《六韜》、《尉繚子》等20多篇著作，這些著作中還有不少是佚書或是首次被發現的古代書籍。而且，《孫子兵法》和《孫臏兵法》同時出土，說明這兩部兵法至少在西漢早期就已經成為獨立成篇的軍事著作，也證實了司馬遷在《史記》中關於孫武是齊國人，他把兵書十三篇獻給吳王闔廬；以及孫武死後百餘年，又有了孫臏，齊國大將田忌把孫臏推薦給齊威王，齊威王向孫臏問兵法，然後拜他為軍師的記載。

　　銀雀山漢墓中出土的《孫子兵法》竹簡是中國迄今為止發現的最古老的版本，說明古代的《孫子兵法》是13

篇，而不像有些古籍記載的那樣共有82篇。竹簡的發現也讓早已失傳的《孫臏兵法》的內容大白於天下。

試問，一個與軍事無關的人，怎麼會費盡心思收集如此之多、如此珍貴的軍事學資料？如果此人僅僅是一位普通軍事愛好者，他又何來此財力、人力完成如此高難度的收集工作？銀雀山漢墓出土的竹簡，幾乎可以陳列一個兵書博物館，這顯然不是普通人能夠做到的。

還有一種說法認為，銀雀山漢墓的主人應該是一位藏書家。

從考古挖掘工作來看，墓中除了大量的寶貴竹簡，幾乎看不到其他的奢華的陪葬物。如果墓主人是一位將軍，墓室必然修的高大豪華，陪葬物會非常豐富，銀雀山漢墓的實際情況卻不是這樣，過於寒酸了。從墓中也沒有發現能證明主人高貴身分的陪葬物、文獻等。

銀雀山漢墓的竹簡字體接近秦末漢初，這個時段中國正是戰亂頻繁的年代，人們的物質生活都得不到保證，很少會有人去關注文化保護工作。珍貴的文獻很有可能在戰亂中遺落或者被戰火焚毀。因而有專家得出了大膽的推斷：墓主人很可能繼承了家傳藏書，為了保護這些珍貴的文物，他將它們藏匿在墓穴中。

也許，早在墓主人進去墓穴安眠之前，這些竹簡就

已經被埋藏地下了，因此它們逃過了千年來的種種兵災戰火，能將古時代失落的文化重現世人面前。

【話說歷史】

銀雀山漢簡，歷史瑰寶，究竟是為誰而作，還有待後人去探尋。

龜山漢墓：
解開古墓迷霧

中國民間有句俗話「先秦看西安，兩漢看徐州，明清看北京」。

江蘇省徐州市之所以因兩漢文化聞名於世，是因為從這裡走出了中國第一位布衣皇帝劉邦。後來劉邦將徐州交給了自己的弟弟劉交，並封為楚王，所以幾代楚王大都葬在徐州四周的群山中。

1981年，徐州龜山漢墓被考古學家發現，這一發現引起了海內外眾多專家學者的關注。

龜山漢墓位於徐州九裡山，秉承了徐州漢墓的諸多特點，以山為陵，因山為葬，並在這一基礎上別具特色。該墓是兩座並列相通的夫妻合葬墓，其中南為楚襄王劉注墓，北為其夫人墓，兩墓均為橫穴崖洞式墓。該墓東西全長83公尺，南北最寬處達33公尺，共有15間墓室，幾乎掏空了整個山體，宛如一個浩大的宮。

龜山漢墓建造雄偉，雕刻精美，為世界所罕見。不僅如此，它還給後世人留下了一堆謎團，至今仍無人能夠破解。

目前龜山漢墓主要有四大謎團尚未解開：

一、甬道設計施工精度之謎

墓葬有南北兩條甬道，甬道各長56公尺，高1.78公尺，寬1.06公尺，沿中線開鑿最大偏差僅為5公釐，精度達1/10000；兩甬道之間相距19公尺，夾角為20秒，誤差僅為1/16000，如將其向西無限延伸，其交點將位於1000公里外的西安，這是迄今世界上打鑿精度最高的甬道。甬道由26塊重達6～7噸的塞石分上下兩層封堵，塞石間排列十分緊密，連一枚硬幣也無法塞進，且甬道兩壁都磨如平鏡。按當時的技術水準，工匠們是如何能修建這樣的墓道的？

二、崖洞墓開鑿之謎

龜山漢墓為典型的崖洞墓，其15間墓室和兩條墓道總面積達700多平方公尺，容積達2600多立方公尺，幾乎掏空了整個山體。在半山腰挖石修墓，其神奇堪與埃及金字塔壘石成墓相媲美，當時的漢代工匠是如何掌握山體的石質和結構，使得施工順利進行？

三、星宿分佈圖之謎

劉注夫人墓室的前廳、棺室和石柱上發現了22個乳頭

狀石包(乳釘)。這些乳釘呈不規則排列，不似工藝性的幾何式點綴，更不是施工中留下的疵點。那這些乳釘究竟有什麼含義？有人說它象徵著照明的燈盞，也有人說是上天星宿分佈。可是若是星宿分佈，為什麼襄王劉注的墓室中卻沒有？

四、崖壁畫之謎

在楚王棺室第六墓室北面牆上，非常清晰地顯示著一個真人般大小的陰影，酷似一位老者，身著漢服，峨冠博帶，面東而立，正欲趨步而西，作揖手迎客之狀。這一現象稱人們為「楚王迎賓」。這一現象在挖掘清理時並不存在，待墓室正式開放後逐漸形成。那麼「楚王迎賓」到底是誰的傑作？有人認為是長期滲水所致，但影子外卻沒有任何滲水痕跡；還有人認為是由於岩石石質不同而形成，但它為什麼偏偏出現在楚王棺室呢？這也成為龜山漢墓的最大一謎。

龜山漢墓作為全國已知漢墓中極具科學文化價值和漢代特色的崖洞墓，它的建築凝聚了漢代工匠的高超智慧和精湛技藝，令人無比之驚歎。龜山漢墓留下的謎團引起了不少專家和學者的興趣，徐州龜山漢墓管理處也向社會公開尋求有識之士來探謎、破謎。當時徐州四位高中學生

大膽「破解」龜山漢墓四大「謎團」。他們認為，利用陽光定位及墓道開鑿車、打磨車精確打造甬道；利用相似三角形定理進行山體結構勘測和開掘；以莊子的「相濡以沫」解釋「乳釘」之謎；利用生化原理解釋「楚王迎賓圖」的影子成形。

【話說歷史】

學生們的「設想」雖然有一定道理，但是沒有相關的依據支持，所以關於龜山漢墓的謎團答案依舊沒有一個權威的論斷，只能等待進一步的考古發現提供新的佐證。

滿城漢墓：
其主人究竟是誰

在河北省滿城縣西北有一座叫做陵山的山丘，山的附近還有兩個名叫守陵的村子，村子裡的老人說他們是守陵人的後代，所以這個村子就叫守陵村。但是村子的年代已經很久遠了，人們誰也不知道他們到底守的是什麼陵，陵又在哪裡。長時間來，人們只是把這些說法當做故事聽，並沒有人追究這裡到底是不是真的有陵。然而，1968年這裡真的發現了古代陵墓。

當時，一個200多人的解放軍機械連駐紮在南馬村一個工廠裡。1968年5月，他們接到命令到陵山去開鑿防空洞，無意中發現了這裡古墓。為了保密並防止文物損壞遺失，挖掘過程中沒雇用任何民工，而是由駐軍抽出一部分人力配合專家進行工作。

傳說，一些帝王的陵墓為了防止別人進入，設置了很多暗器，所以，進洞時為保護專家，部隊戰士們在最前面帶路。他們沿著施工時挖出的洞口進入，順著南耳房慢慢走，就到了一個約20平方公尺的大廳。大廳裡整齊地擺放著琳琅滿目的金器、銀器、陶器、銅器等物品。再繞過

中間的大滲井，就到了北耳室，這間墓室裡醒目地擺著十幾個大酒缸，足夠裝下幾千斤的酒。

從甬道再向西是一個大廳，大廳裡分三個區，地上放著數百件不同用途的器具，一些銅器上刻有「中山府」、「中山內府」、「中山宦官」等字樣和32年、34年、36年、39年等紀年標誌。地上還有大量古錢幣，錢幣的樣式很像西漢王朝時期的「五銖錢」。從這些銘文，考古專家推測，墓主人應該是一位西漢中山國的諸侯王，而且他的在位時間不低於39年。對照史籍，符合這兩個條件的應該是中山靖王劉勝。但是，墓主的身分要找到墓主的棺槨才能確定。

考古隊長帶領大家穿過大廳，在最後的石壁上找到了一扇封閉的石門，這應該就是陵墓的核心，墓主的所在地了。打開這扇石門用了五六天的時間，石門開後，裡面有一張漢白玉鋪成的棺床，上面的棺槨都已腐爛，只有一件衣服樣的東西。四周還放了很多兵器、銅器和玉器等。衣服上面有一層厚厚的污泥，已經看不出原來的顏色。專家們仔細擦拭後發現，這竟然就是有文獻記載的金縷玉衣！但是，這種金縷玉衣是皇帝才有資格穿的，而劉勝只是一個諸侯王，這又推翻了考古人員以前的判斷，墓主的身分又變得撲朔迷離。

不久，中國歷史學家郭沫若也參與進挖掘工作。他親自來到現場考察，並一件件地觀看了清理出的精美文物。根據他的分析，玉衣的等級制度是在西漢晚期才實行的，劉勝所處的西漢中前期並不嚴格，也就是說，可以從銘文上確定，墓主就是劉勝。但是，墓主人的屍骨還是一直沒有找到。他判斷，按照漢代「同墳異葬」的習慣，在陵墓以北應該還有一座陪葬的墓，或者是劉勝夫人的墓，或者是埋葬著劉勝屍骨的墓。

考古人員依照他的判斷繼續進行挖掘，果然發現了另一座墓，這就是劉勝之妻墓——竇綰墓。在竇綰墓中又發現了一件金縷玉衣，玉衣之下發現了人的脊椎骨、肋條和牙齒，仍然沒有整體的骨架。後經專家研究，認為劉勝墓金縷玉衣中並不是沒有屍體，而是因為自然條件不適於屍體的保存，加上厚葬的物品化學成分複雜，屍體已徹底腐爛……滿城漢墓主人之謎至此解開。

【話說歷史】

劉勝當年為了讓屍體不腐製作了價值不菲的金縷玉衣穿著，沒想到屍體先於玉衣腐壞，甚至被人誤以為玉衣只是一具空殼，不能不說是一個莫大的諷刺。

魏武帝曹操的七十二塚：

真真假假，難以定論

在中國古人中，曹操堪稱是爭議最多的歷史人物。從「濟世之才」、「治世之能臣」、到「亂世之奸雄」，再到戲曲舞臺上的白臉奸賊，曹操奸臣的形象逐步被定格在中國人的心目中。歷經多少滄桑，曹操是中國古代傑出政治家、軍事家、文學家的面目直到現代才得以恢復。

西元220年二月，魏武帝曹操下葬。《三國志・魏書》中明確記載，曹操去世後葬在了鄴城西邊。然而，隨著歲月的流逝，曹操墓漸漸銷聲匿跡，經歷了無數後人的苦苦追尋，絲毫不見蹤影。關於曹操陵墓，在歷史上有太多的傳說。特別是「七十二疑塚」的真相，更是吊足了人們的胃口。

關於曹操七十二塚的有一個傳說是，據說，在曹操設置「七十二疑塚」的幾十年後，司馬氏篡奪了曹魏的天下。朝中對曹操有宿怨的大臣們聯合起來，四處尋找曹操的真墳，想把他的屍體找出來打碎，以謝天下。

可是這些人挖遍了七十二座曹公墓，卻都沒有找到真正的曹操屍體，最後萬般無奈之下，這些人發佈公告

稱，只要有人能找到曹操的真正墳墓，就能得到宰相之職。

佈告貼出去一個多月，仍無人回應。就在這些人幾乎喪失信心時，一個白髮老人揭了榜文來到京城洛陽，說自己有辦法找到曹操的真墓。官員們一聽半信半疑，派出了一百多名士兵跟著老頭沿京城不遠的洛河逆水而上。一路上，老人左看右看，終於在一個地方停下來，指著一處土丘說，就在這裡。

士兵們開始挖，果然挖出了曹操的屍體。老人所指的地方位於洛陽以西，是從堤旁鑿穴，深入洛水河床之下。士兵們進入墓室，將金銀財寶一掃而空；又把曹操的屍體搬出，剁成碎塊，丟入河中……最後，官員們吩咐請出白髮老人，準備給他官做，可是老人卻消失了，像是神仙一樣無影無蹤。官員們後來經過多方打探，才知道老人之所以知道曹操的墓地所在，是因為他是黃巾起義張角三兄弟的後人。

曹操是以鎮壓黃巾起義發的家，當年，張角在廣宗病死，黃巾起義失敗。參加黃巾起義的將領們，為了保護自己領袖的屍骨，在鄰近的縣埋了許多假墓碑，欺騙官軍。

官兵們找遍了方圓三百里地面，挖遍了幾十座立有

古墓探祕絕案——
看古墓玄機，聽驚天祕聞

「大賢良師」的張角墳，也沒有找到張角的屍體。只有曹操不肯善罷甘休，他用軟硬兼施的辦法，從叛徒的口中得知了張角真墓的祕密。

於是，親自帶領兵馬開赴張角的老家巨鹿郡內，在老漳河邊鑿穴探墓，終於在深深的河床下找到了張角的墓室。

他吩咐把張角的腦袋割下來，帶著人頭回京城報功。曹操因此深受啟發，他生前祕密派人在洛河水下祕造墓室，又把參與修墓的人全部殺掉，想躲過後人的懲罰。可是，善惡到頭終有報，張角兄弟的後人就猜透了曹操的詭計，為自己的祖宗報了仇。

此外，在《聊齋志異》中有一個叫「曹操塚」的故事。這個故事說，在鄴城外有一條河，河水十分湍急，靠近岸邊的地方尤其深邃幽暗。

盛夏時有人到河裡洗澡消暑，忽然從水裡傳來敲擊刀斧的聲音，下水的人就斷為兩截浮上水面；後來又有一人也下河洗澡，結果和第一個人一樣遭到腰斬。

這種現象在百姓中流傳，引起百姓驚恐奇怪。當地的地方官聽說了這件事，就派多人到上流截斷河流，讓水流枯竭。於是人們發現岩崖之下有個幽深的洞穴，洞中安置了一個轉輪，輪上安裝著鋒刃如霜的利刃。人們拆除了

轉輪進入洞穴，發現洞中有一座小石碑，上面的字體是漢朝的篆書。

仔細閱讀這些文章，得知原來這就是曹操的墓穴。於是人們打開曹操的棺材，拋散曹操的骨骸，把給他陪葬的金銀珠寶全都拿走了。

作者蒲松齡最後總結說：「『盡掘七十二個假墓，一定有一個墓裡葬著曹操的屍體，可是怎麼知道曹操的屍體竟然在七十二個墓之內呢？』曹操奸詐啊！然而千餘年後腐朽的骨頭不保，使這些詐術又有什麼用呢？唉，曹操的智慧，正是曹操的愚蠢啊！」

小說家之言雖然近於荒誕，但曹操生性多疑卻是史實。有一個傳說這樣說道，曹操為了防止後人挖掘他的墳墓，在生前就做了周密的安排，等到出殯的那一天，鄴城內所有的城門同時打開，72具棺木分別從東南西北四個方向同時抬出，葬入事先準備好的墓室內。

於是，後人再也分不清楚哪一座是曹操的真墳，哪一些又是迷惑人的疑塚。曹操「七十二疑塚說」的出現和流傳，並非空穴來風，而是有著深刻的歷史和文化背景的。曹操七十二疑塚說的產生，與曹操在歷史上公然盜墳掘墓的劣跡有直接聯繫。

《三國志・袁紹傳》記載，曹操曾經盜掘過西漢梁

孝王陵：「操率將校吏士親臨挖掘，破棺裸屍，略取金寶，至今聖朝流涕，士民傷懷。」「又署發丘中郎將、摸金校尉，所過墮突，無骸不露。」曹操既然是歷史上最大的盜墓者，人們自然有理由相信他會千方百計地掩蓋自己墳墓的準確位置。

　　總之，曹操「七十二疑塚」的傳說無論是否符合史實，它都有存在的客觀歷史依據。

【話說歷史】

　　曹操——中國歷史上的一代梟雄，他的一生讓人難以評價，他死後的墓塚讓人萬分好奇。或許有一天，人們能揭開這「七十二塚」之謎，但無論結果如何，唯一不變的是——他是「清平之奸賊，亂世之英雄」（《後漢書·許劭傳》）。

關中十八陵：
誰是真正的「盜墓者」

關中十八陵中有十七陵被盜，至今不能確定是何人所為。著名的「唐十八陵」或「關中十八陵」乃是唐朝18個皇帝的陵墓。

唐代從西元618年建國，至西元907年滅亡，歷時289年。共21帝20陵（高宗李治與女皇武則天合葬乾陵），除了昭宗李曄的和陵，和哀帝李柷的溫陵分別在河南澠池和山東菏澤外，其餘18座陵墓集中分佈在陝西省乾縣、禮泉、涇陽、三原、富平、蒲城6縣，東西綿延100多公里。

唐代帝陵從唐太宗李世民葬九峻山開始，除唐武宗端陵和唐僖宗靖陵外，都構築在山上。

「依山為陵」一方面是為了顯示氣勢雄偉，另一方面也是為了防盜。令人遺憾的是，「關中十八陵」除乾陵倖免於難外，據史學界和考古學界專家的考證，其他陵墓都遭受過不同程度的盜掘。

那麼是誰盜掘了「關中十八陵」呢？據歷史記載，主要有以下三種觀點：

觀點一：朱泚盜陵說

朱泚本為唐臣，徑原兵變、德宗出走奉天後，即自稱為帝。據史料記載，唐德宗在其詔書中曾說過：「朱泚反易天常，盜竊名器，暴犯陵寢。」新舊《唐書》、《資治通鑑》和專門記錄朱泚之亂的《奉天錄》也曾記載道「斬乾陵松柏，以夜繼晝」，「據乾陵作樂，下瞰城中，詞多侮慢。」

據此，有的學者提出了異議：大多數盜陵者皆為財寶而來，而朱泚既踞京師，府庫之寶取之不盡，又何必去盜皇陵呢？況且朱泚稱帝不久，就率師西進，與唐軍交戰於奉天，兵敗後逃回長安，根本就沒有盜陵的時機。據此推斷，德宗「盜竊名器」之言是針對朱泚自稱皇帝而言的；至於「暴犯陵寢」，也僅僅是指朱泚砍伐乾陵的樹木、移帳陵寢的不敬行為而已。所以，朱泚盜陵不可信。

觀點二：黃巢盜陵說

黃巾軍起義一度攻佔長安，後來黃巢兵敗退出長安。此後，在高駢寫給唐僖宗的奏章中曾說到「傘則園陵開毀」。然而在新舊《唐書》僖宗記、黃巢傳和《資治通鑑》中都沒有記載黃巢盜陵之說。如果黃巢當時真的盜了唐陵，那麼唐僖宗在鎮壓了起義軍後，必定會下令予以修

復。可是事實上，僖宗只下了一道《處長奉太廟制》，並沒有頒發修復陵寢的詔書。可見，關於黃巢盜陵之事並沒有真憑實據。

觀點三：溫韜盜陵説

據史料記載，溫韜年輕時聚眾為盜，佔據華原後改名李彥韜，被任命為義勝軍節度使，統耀、鼎二州。後來溫韜投降後梁，又降於後唐，而後唐大臣郭崇韜曾指責溫韜盜掘皇陵，要求將他處死。

《舊五代史・溫韜傳》記載：「唐諸陵在境者悉發。」《資治通鑒》中有「華原賊帥溫韜聚眾，唐帝諸陵發之殆遍。」的記載，而在《新五代史・溫韜傳》也有「韜在鎮七年，唐諸陵在其境內者悉挖掘之。⋯⋯惟乾陵風雨不可發。」的言論。有的學者從分析溫韜的轄地入手分析，如果溫韜真的盜掘唐陵，也只是部分而已，並不是全部。

據《宋會要》記載，北宋建立後，太祖趙匡胤決定修復前代帝王陵寢。為此，詔令州縣檢查歷代帝王陵寢的存廢情況，結果得知「關中十八陵」中的12座曾經被盜掘。又據考證，自從宋太祖大規模修復諸帝陵寢後，保護帝王陵墓的詔書屢著於今典，而盜掘唐陵的隻字卻不見於史書

記載。

　　所以說，迄今為止，「關中十八陵」中獻、端、昭、定、建、元、崇、未、章、貞、簡、靖12座皇陵已被盜，而乾、莊、橋、泰、景、光6座唐陵未曾被盜。

　　當然，由於歷代古書對「關中十八陵」的被盜記載敘之不詳，有的雖有記載卻難免有疏漏之處。

【話說歷史】

　　「關中十八陵」被盜情況至今尚未明瞭，還須考古學家作進一步的研究和探索。

合葬之墓：
史上唯一兩位皇帝的合葬之墓

　　乾陵是中國歷史上唯一的兩位皇帝——唐高宗李治與女皇武則天的合葬陵，也是目前已知保存最完整、文物儲藏最豐富、而且沒有被盜的帝王陵墓，被稱為埋在地下的「世界第九大奇蹟」。

　　如果問世界上那個皇帝的陵墓最難挖，那麼毫無疑問就是乾陵。此陵墓被刀劍劈過，被機槍、大炮轟過……1200多年之中，有名有姓的盜乾陵者就有17人之多，其中規模最大的一次出動人數40萬之多，乾陵所在的梁山幾乎被挖走了一半。

　　然而時至今日，乾陵依然恪盡職守地保護著主人武則天和丈夫李治的遺體。

　　人們不禁要問，漢武帝的茂陵被搬空了，唐太宗的昭陵被掃蕩了，康熙大帝連骨頭都湊不齊了，為什麼單單武則天的乾陵可以獨善其身？這些，得從乾陵的修建說起。

　　乾陵位於陝西省乾縣城北6公里的梁山上，距古城西安76公里，修建於西元684年，歷經23年時間，工程才基

本完工。

梁山是一座自然形成的石灰岩質的山峰，三峰聳立，北峰最高，海拔1047.3公尺，南二峰較低，東西對峙，當時群眾稱為「乳頭山」。從乾陵東邊西望，梁山就像一位女性的軀體仰臥大地，北峰為頭，南二峰為胸，人們常說它是女皇武則天的絕妙象徵。

唐代的堪輿家、風水先生認為，梁山大有利於女主。所以女皇武則天便把梁山選為其夫唐高宗和自己百年後的「萬年壽域」。

唐高宗病逝後，武則天詔令當時朝野聞名的大術士袁天罡和李淳風，要他們為皇上選址風水寶地。二人分別遍遊九州，回來後交旨都說選在了好畤縣，今乾縣的梁山上。武則天便派使臣去察看，到了梁山頂，袁天罡說他在這裡埋下一枚銅錢，李淳風說他在這裡訂下一枚鐵釘。刨開土，李的鐵釘正好紮在袁所埋的銅方孔中，在場的人無不拍手驚奇。

於是，武則天便把陵址選在了梁山，即現在的乾陵。單從風水來說，乾陵就超過了唐朝所有帝陵。

在中國歷史上，挖乾陵一事，早已有之。長達1200多年中，梁山上，就沒有斷絕過盜墓者的身影。小毛賊多如牛毛，正史裡不記載，野史裡也懶得寫。

　　歷史上有名有姓的盜乾陵者，就有17次之多，比較大
的盜掘活動有三次。但是又都因各種原因中途停止而未盜
成功。唐末農民起義，黃巢聲勢浩大。他動用40萬起義軍
在梁山西側挖山不止。直挖出了一條深40公尺的「黃巢」
溝，挖走了半座大山。

　　因為軍中無飽學之士，不懂乾陵坐北朝南的結構特
點，結果因為挖錯了方向，終沒得手。

　　史載五代耀州刺史溫韜，是個有官銜的大盜墓賊。
他率領兵丁掘開了十幾座唐陵，發了一筆橫財。因為手中
有了錢，便驅動數萬人於光天化日之下挖掘乾陵。不料挖
掘過程十分不順，遇到的天氣總是狂風暴雨，溫韜受了驚
嚇，才絕了挖掘乾陵的念頭。

　　民國初年，連仲親率一團人馬，也想學學孫殿英炸
慈禧和乾隆墓的樣子，在梁山上安下營寨，用軍事演習作
幌子，炸開了墓道旁的三層岩石，最後卻也沒能撈得半點
好處。

　　目前，許多專家認定乾陵是唐十八陵中唯一未被盜
掘的陵墓。理由是乾陵墓道完整，而捨棄墓道，從石山腹
部另鑿新洞入地宮，難度很大，目前尚未發現新的盜洞。
至於事實是否像人們希望的那樣，只有等到打開地宮的那
天才能得知了。

武則天是一個善於用時間打敗一切的人。她14歲入宮，先是用18年時間當上了皇后，然後又用35年時間當上了皇帝，死後又用1200年時間證明了自己陵墓的堅固以及其魅力的不朽。

【話說歷史】

人們可以這麼說，可以說武則天是生前征服了天下，死後征服了歷史。

乾隆陵墓：四大謎團

關於清皇陵有著許許多多的傳說。以下是有關埋葬乾隆皇帝的裕陵在挖掘過程中一些讓人驚訝的謎團。

第一、女屍之謎

東陵盜案發生後的1928年8月，溥儀派載澤、耆齡等人進行善後處理。他們在清理裕陵地宮時，發現了一具完整的女屍。參與清理重殮的清室遺臣在東陵期間所寫的日記中，都曾提到此事。據這些宗室遺臣判斷，此具女屍就是嘉慶皇帝的生母孝儀皇后，卒年49歲。裕陵地宮中的6位墓主人，有比她先死先入葬的，也有比她晚死晚入葬的；有比她年齡小的，也有比她歲數大的。同處一個地宮，為何唯獨她的屍骨保持如此完好？

有人可能想：是不是她的屍體進行了特殊防腐處理？如果她的屍體進行了防腐處理，那麼皇帝和孝賢皇后的屍體更應該做防腐處理。慧賢和哲敏兩位皇貴妃也應該做防腐處理再者說，清朝不刻意追求屍體的防腐。孝儀皇后死時是一名皇貴妃，不會專對她的屍體做防腐處理的。

那究竟為什麼153年屍體不腐，至今誰也解釋不了。

第二、棺槨漂起之謎

裕陵地宮裡的每具棺槨的四角，各有一塊重達數百斤的龍山石，將棺槨牢牢地固定在棺床上。龍山石下部伸出的四菱形榫，根部細，頭部粗。榫插入石製棺床上的長方形眼中，向旁邊相通的方眼一推，由於這個方眼口小下大，龍山石便被牢牢地固定在棺床上。龍山石上面鑿有縱向和橫向的通槽。榫的豎向邊棱被卡在龍山石的縱向槽內，榫底部伸出的橫向邊棱被龍山石橫向的槽卡壓，這樣棺槨既不能升起，又不能前後、左右移動。

1928年，孫殿英匪軍在盜掘裕陵地宮時，曾順利地打開了前三道石門。但第四道石門卻無論如何也不能打開，最後一道門怎麼也打不開，用粗樹幹撞門也無濟於事，便氣急敗壞地用炸藥炸開了石門。進了後驚訝地發現了一個天大的奇事，裕陵內葬有乾隆和孝賢純皇后、哲敏皇貴妃等6人，其他五個棺槨都在石床上，唯獨乾隆的『走』了下來，將石門死死的頂住，以致士兵無法將門打開。溥儀派善後大臣重殮裕陵遺骨時，將乾隆帝的內棺重新擺放在正面棺床上的正中之位，並將一帝一后三妃的遺骨殮入棺內。可是到了1975年，清東陵文物保管所開啟地宮時，又

是乾隆帝的內棺頂住了石門。

為什麼兩次都是乾隆帝的棺木頂住石門？地宮內的積水主要是從地面的石縫中滲出。平緩上升的水面，不會產生波浪水流，更不會有衝擊的力量。所以地宮內積水不會將乾隆帝的棺槨沖下棺床。乾隆棺槨頂門之謎，實在令人匪夷所思。

第三、石柱之謎

現在裕陵地宮的前三道石門，每道都用四根巨大的四菱形石柱支頂，共有石柱12根。人們一看便知，這些石柱並非原來就存在，而是後來增加的。如果原來就有石柱，巨大的棺槨是根本無法進入地宮的。為什麼要支頂住這些石柱，它們又是什麼時候支頂的？前三道石門的上門檻及以上的枋子，帶門簪皆出現了程度不同的裂開痕跡，其中第一道石門尤為嚴重。如果不採取必要措施，後果會不堪設想。這12根石柱中，8根是1989年由清東陵文物管理處古建隊支頂的。而第一道石門外側的兩根石柱，支頂日期至今不明。

1928年孫殿英匪軍盜陵時，是不會支頂石柱的。應該不是溥儀派出的東陵善後大臣所為。因為他們在東陵善後期間，每一位都做了詳細的日記，就連一些瑣碎小事都有

記錄，但對支頂石柱之事卻隻字未提。1975年開啟裕陵地宮時，這兩根石柱就已存在，更不是清東陵文物保管所支頂。

這樣看來，兩根石柱只能是清朝遺物，而且只能是在乾隆入葬地宮後、隧道填堵前那幾天支頂的。因為乾隆入葬前的嘉慶四年（1799年）7月，在修築裕陵地宮隧道內的斜坡地面時，曾計畫築打夯土，但負責工程的大臣綿課發現「頭層石門之上橫安石檻已見有裂縫斜紋兩道」。為了避免震動，遂奏請皇帝，將築打夯土改為用磚鋪砌，這就形成了今天看到的隧道券磚鋪地面。

石門上檻出現裂縫，嘉慶皇帝是不會置之不管的。可是，在乾隆帝入葬後，綿億、弘謙、特清額、成林在向嘉慶皇帝奏報「敬修填砌裕陵元宮門隧道並成砌琉璃影壁等工」的奏摺中，並未提及支頂石柱之事。這兩根石柱到底是什麼時候支頂的，至今還是一個謎。

第四、殘破的龍山石

龍山石是位於棺槨四角的特製的固定棺槨的石構件。皇家設龍山石的目的就是固定棺槨，不讓移動。這說明皇家當時就想到了入葬多少年後地宮有可能出現滲水，浸泡棺槨，防止棺槨浮起的用意。

令人意想不到的是孝賢皇后梓宮東南角的龍山石是殘破的，龍山石上有一道斜著的裂縫，將龍山裂為兩塊，竟用三個鐵鋸子連在了一起，裂縫和鋸處抹上了石灰和石粉做假，使人看不出來。孝賢皇后是在翰隆十七年（1752年）入葬地宮的，當時石匠，也可能是工頭，用這種方法矇騙了皇帝。到裕陵開放時，每到雨季地宮裡就有一人多深的積水，龍山石長年累月在水中浸泡著，這種水中又含有大量石灰，具有很強的腐蝕性，所以抹飾的石灰和石粉脫落了，露出了石縫和鐵鋸子，才發現了這一作弊現象。

【話說歷史】

乾隆，他的出生就是個謎，在他死後，他的陵墓中發生的許多神祕事件也讓人萬分好奇。但是不可否認，他為鞏固和發展中國統一的多民族國家，發展清朝康乾盛世局面做出了重要貢獻，確為一代有為之君。

後宮嬪妃：
珍妃墓被盜始末

　　清西陵的珍妃墓被盜始末上世紀的三十年代，在河北省易縣發生了一件令世人鮮知的清西陵珍妃墓被盜事件，引起了世人的極大關注。這次事件的來龍去脈又是怎麼回事呢？

　　珍妃是為光緒帝的寵妃，光緒大婚之後，隆裕皇后逐漸失寵，而瑾妃與光緒相處漠漠。惟珍妃生性乖巧、善解人意，工翰墨會下棋，日侍皇帝左右，與光緒共食飲、共玩、共樂，對於男女之事毫不在意，「德宗尤寵愛之，與皇后不甚親睦。」

　　慈禧對珍妃的認識和態度，有一個由喜歡到忌妒、厭惡、憎恨的轉變過程，最後竟然對她下了毒手。據記載：「珍妃初入宮時，頗得慈禧歡心，教以雙手寫字。後慈禧賜群臣福、壽、龍、虎等字，均妃代筆。勢且青勝於藍，慈禧乃漸妒，妒而生惡，遇事則不滿。」(《人文月刊》卷六)珍妃「每侍慈禧披覽奏章，從旁窺測，即能知其概要，預料太后將如何披答。退與同輩言之，及懿旨下，百不爽一。後為太后所知，訝其才已勝己也，忌之尤甚」

《慈禧軼事》。珍妃喜歡攝影，常豔裝露容，任聽內監拍攝。慈禧則以「宮嬪不應所為」加以斥責。對她戲著男裝，慈禧更認為是放蕩不羈，大逆不道。至於珍妃支持光緒變法維新，理所當然地遭到慈禧的忌恨，所以慈禧在囚光緒於南海瀛台的同時，也將珍妃軟禁於故宮鐘粹宮北三所。戊戌變法失敗後，珍妃因支持光緒皇帝推行新法，被慈禧太后當眾責辱打罵。

1900年八國聯軍侵入北京，慈禧太后不顧國難民危，挾帶光緒皇帝倉惶西逃，臨走時還忘不了處置珍妃。命李蓮英指揮崔玉貴、王德環將珍妃推入井內，光緒見此情景，心如刀絞，忙跪下求情，慈禧厲聲斥責光緒，轉身命令手下人快執行。珍妃喝令太監不准靠近，逕自走到一口八角琉璃井邊，自己縱身跳入。崔玉貴馬上向井內投了兩塊大石頭。珍妃就這樣被殘害了，時年僅25歲。

1901年11月，慈禧等人從西安返回北京，為了掩人耳目，對外宣稱：珍妃為了免遭洋人污辱而投井自殺，並讓珍妃恢復名譽，貴妃。慈禧為何把珍妃害死又行追封之事？

據說慈禧在出逃期間，屢做惡夢，夢見珍妃渾身水濕，遍體血跡，目眥盡裂地前來索命，使她備受驚嚇之恐，於是假惺惺地施以恩惠，撫慰珍妃亡靈莫來打擾。慈

禧還下旨要珍妃家人來打撈珍妃遺體。珍妃遺體在井內泡了一年半有餘，井口又小，怎麼也撈不上來。結果費了九牛二虎之力才總算把遺體打撈上來，已是慘不忍睹。志錡含淚將姐姐的屍體草草埋在北京西直門外田村。1915年3月，珍妃棺槨由北京移至河北易縣清西陵；11月，貴妃葬儀，葬在光緒陵寢崇陵旁的崇妃園寢。崇妃園寢在崇陵東面，相距僅1華里。1924年瑾妃病逝，埋在這裡，姐妹長眠在一起。崇妃園寢始建於清朝末年，與修建崇陵同時開工，建成於民國初年。工程品質和清朝鼎盛時期興建的嬪妃園寢相比，稍有遜色，但規模不減。兩座寶頂並排建在磚石砌製的長方形月臺上，右為珍妃墓，左為瑾妃墓，墓地下建築了洞穴。

　　由於珍妃生前和死後的特殊情況，所以就引出了上世紀三十年代所發生的一件世人鮮知的盜墓事件。史學家對於珍妃墓被盜則持有不意見，他們當中相當一部分認為，當初群匪所盜的其實是珍妃的姐姐謹妃的墓，珍妃墓只是空背被盜之名。

　　最具代表性的觀點是著名歷史學家李軍提出的，他認為被盜的不可能是珍妃墓有兩點原因：其一，從規格大小來說，瑾妃墓稍大於珍妃墓：畢竟瑾妃是中國封建社會的最後一個妃子，可以透過測量陵墓寶頂到月臺的距離找

到答案。從外觀上也可以看出來。當然，差別不是很大。其二，瑾妃墓的地宮用石頭砌成，珍妃墓是磚砌。而當年的關友仁、鄂世臣等一夥人在盜墓時曾使用過炸藥，因為地宮光靠鑿孔工具打不開；據史料記載，他們當中還有兩個專門的石匠。

【話說歷史】

　　時光流逝，大浪淘沙。「夜盜珍妃墓」已是許多年前的往事了。如今，人們觀覽崇妃園寢，迎著芳草馨香，穿過古松濃蔭，會看到修復後的珍、瑾妃墳塋。這對姐妹墓雙雙並立在平坦的月臺上。在憑弔珍妃時，人們只會對她生前的坎坷遭遇倍感同情，至於被盜究竟是誰的墓，反而不再是人們關注的話題了。

奢侈的女人： 慈禧的豪墓

慈禧，這個統治清王朝48年的女獨裁者，死後不到20年，軍閥孫殿英就帶兵將北京東陵的隨葬財寶洗劫一空。

據孫殿英回憶：慈禧的棺蓋一掀開，滿棺珍寶就使人眼花，光彩奪目，就連手電筒的光亮也黯然失色！盜墓賊將慈禧屍身挖出扔在地宮的西北角。後來去收拾的人發現慈禧全身被剝光，伏於破棺槨之上，臉朝下，長髮散而不亂；手反轉搭於背上，反轉屍首遍體長白毛。被盜隨葬財寶除了極小部分被孫殿英用於賄賂當時政界要人外，極大部分下落至今不明。

慈禧是歷史上著名的「奢侈」太后，生前酷愛珍珠、瑪瑙、寶石、玉器、金銀器皿等寶物，死後其棺內陪葬的珍寶價值高達億兩白銀。慈禧陵中被遺棄的被子上綴有6000粒珍珠，令人歎為觀止。作為清東陵建築群中最精美的一座，慈禧的陵寢可稱得上是金、木、石三絕。

三絕之一「金絕」：

據《清史》記載，僅三大殿所用的葉子金就達4592兩

以上，殿內外彩繪2400多條金龍，64根柱上都纏繞著半立體銅鎏金盤龍，牆壁上的五蝠獻壽、萬字不到頭圖案等也全都篩掃黃金。這貨真價實的金碧輝煌雖經盜墓者洗劫，但如今依然可見「金絕」的豪華殘跡與碎片。

三絕之二「木絕」：

是說三大殿的樑、枋都是用木中上品——黃花梨木製成。這種木質堅硬、紋理細密的木材現在已瀕臨絕種，其價值稱得上是寸木寸金。而慈禧的棺槨更是用名貴的金絲楠木製成。

三絕之三「石絕」：

是指慈禧陵寢的石料一律採用上好的漢白玉，石雕圖案更是絕中之絕。隆恩殿的漢白玉石欄板上，都用浮雕技法刻成前飛「鳳」、後追「龍」圖案。76根望柱柱頭全部雕刻著翔鳳，鳳的下面是雕在柱身裡、外側的兩條龍，形成獨一無二的「一鳳壓兩龍」造型，寓意著慈禧生前的無上權力。而殿前的鳳龍丹陛石雕刻更是石雕中的珍品。

但隨著時間流逝，這些被盜珍寶到底去了哪裡，誰也說不清了。

1928年，駐在河北遵化清東陵附近的國民革命軍第12

軍軍長孫殿英打著東陵的主意，並派師長潭溫江去查明情況。透過一名曾侍奉過慈禧的太監之口，潭溫江得知定東陵的慈禧墓中隨葬有大量稀世珍寶，並從這名太監手上抄錄了《愛月軒筆記・慈禧葬寶圖記》和《孝欽後入殮，送衣版，賞遺念衣服》等。

在弄清情況後，潭溫江向孫殿英提出了盜掘慈禧陵的建議。1928年7月1日，孫殿英命令潭溫江嚴守東陵的所有要道，謹防他人入內。在把兩個旅的兵力開進東陵四周後，他就開始探查地宮的入口，並計畫在盜墓完成後以換防為由撤離東陵，把事情嫁禍到土匪身上。

經過一番周折，盜墓的士兵找到了慈禧地宮的入口。從明樓下進入古洞門，過道盡頭是一道澆鑄了鋼筋的牆壁，地宮入口就在這道「金剛牆」下。

從月4日至7月10日，炮聲不斷從東陵傳出，當地百姓以為是在打仗，誰也不敢出門。但令他們想不到的是，兩座陵墓已經被炸開。進入慈禧地宮中的盜墓士兵沒有想到，走進主墓室竟非常順利，不費力氣就見到了棺槨與陪葬珍寶。

慈禧的主墓室是一個完全由漢白玉石鋪砌的石室，正中是一座漢白玉石台，也就是「寶床」。在石台上面，停放著一具巨大的棺槨，這就是慈禧太后的梓宮。兩側的

兩座石墩上，則放著記錄慈禧諡號的香寶、香冊。

盜墓者是怎樣打開慈禧棺槨的呢？這曾經是一個謎。直到多年以後，一本叫《世載堂雜憶》的書披露了一名據稱曾參與盜陵的連長的回憶，這個謎才被解開。據這名連長敘述，為撬開慈禧的內棺，光芒四射的金漆外槨竟被匪兵刀砍斧劈得七零八落。匪兵們把砍碎的木頭搬開後，就現出了一具紅漆內棺。由於怕刀斧損傷棺內的寶物，長官命令匪兵小心謹慎地用刀撬開內棺。「當時，將棺蓋揭開，只見霞光滿棺，兵士每人執一大電筒，光為之奪，眾皆駭異。俯視棺中，西太后面貌如生，手指長白毛寸餘……珠寶堆積棺中無算，大者由官長取去，小者由各兵士陰納衣袋中。於是司令長官下令，卸去龍袍，將貼身珠寶搜索一空。」

在慈禧的定東陵被盜的同時，乾隆的裕陵也被孫殿英手下的一個營長韓某炸開。令盜墓賊們沒想到的是，乾隆的地宮通道中充滿了積水，由於年深日久，積水竟有四、五尺深，而通道又很陡滑，瘋狂湧入地道口的士兵毫無準備。不少人滑倒在積水中，驚悸窒息而亡。

和同時被盜的慈禧陵相比，裕陵中的乾隆與5位后妃的遭遇更加悲慘。兩陵被盜後，清室負責善後的人進入裕陵地宮後發現白骨淩亂地扔在各處，除了嘉慶帝生母孝儀

皇后屍身完整外，其他的，已經分不清哪個是皇帝的，哪個是后妃的，只好把骸骨殮葬在一具棺木內。

【話說歷史】

作為政治人物，慈禧既是成功的，也是失敗的。她的成功在於在男人統治的世界上，奪得了本應由男人把握的最高權力，並且按照自己的意志，做出了一番事業。她的失敗在於，對權力她有著近乎病態的渴求，她的大半生都在恣意領略追逐權力的刺激和盡情享受得到權力的快感。也就是說，為了權，她什麼都在所不惜！

謎一樣的地方：
小河墓地

河墓地位於羅布泊地區孔雀河下游河谷南約60公里的羅布沙漠中，東距樓蘭古城遺址175公里。

小河墓地整體由數層上下疊壓的墓葬及其他遺存構成，外觀為在沙丘比較平緩的沙漠中突兀而起的一個橢圓形沙山。

小河墓地給人的第一強烈印象就是墓地沙山上密密麻麻矗立的140多根胡楊木椿，都4公尺多高很粗壯。小河墓地，被評為2004年中國十大考古發現。

謎一樣的小河墓地，引發了人們無限的興趣。任何一個史前遺跡中，都會有先民的生活遺跡的發現。但在小河墓地的周圍甚至十幾公里遠的地方，考古隊經過仔細調查，都沒有發現和小河人處在同一時期的生活遺跡。

那麼，小河人的生活遺跡在哪裡呢？小河又是怎麼消失的呢？

小河墓地是一種累層疊加的墓葬形式，上下一共五層。木棺像倒扣在岸上的木船，將死者罩在其中，兩根胡楊樹幹被加工成一對比人體稍長一些的「括弧」形，這是

棺木的側板，「括弧」兩頭對接在一起，將擋板楔入「括弧」狀棺板兩端的凹槽中固定，沒有棺底，棺蓋是十多塊寬度依棺木弧形而截取的小擋板。活牛被當場宰殺，立刻剝皮，整個棺木被新鮮的牛皮包裹。牛皮在乾燥的過程中不斷收縮，沙漠中乾旱的氣候會蒸發牛皮中所有的水分，最後牛皮緊緊地、嚴密地將棺木包裹。

為何這樣建造像艘船一樣的棺木，考古學家不得其解。

小河墓地的人說的語言一直是個謎，但梅維恒博士認為可能是吐火羅語（Tokharian），印歐語系中的一個古老分支。

塔里木盆地發現過用吐火羅語寫的手稿，這種語言曾在西元500年到900年在該地區用過。雖然在東方出現，對比印度和伊朗的噝音類語言（Satem），吐火羅語更接近與歐洲的顎音類語言（Centum）。這個結論是基於數百個詞彙的拉丁語與梵語（Sanskrit）發音的區別。

小河墓地的人們生活在距吐火羅語最早記錄的2000年前，但其中呈現出「一種清楚的文化連續性」，梅維恒博士說。這種連續性表現在埋葬方式上——與帽子一起埋葬，這個傳統一直延續到西元後前幾個世紀。

南區和北區共發現泥殼木棺4座，從北區採集到的大

量被擾亂的棺木中至少還有5座。泥外殼棺與原先發現的
船形棺不同，棺蓋呈長方形，整個棺蓋被一層層土嚴嚴實
實地包裹著。棺蓋下方是一個木板室，木板室由木塊拼接
而成，木板室下面才是小河墓地常見的船形棺。最讓人稱
奇的是，這4座泥外殼木棺裡發現的都是成年女性，隨葬
品較為豐富。

　　為什麼這些成年女性用泥外殼木棺，考古學家不得
其解。

　　小河墓地墓葬分層明確，且不同層次之間遺跡遺物
發生明顯變化，顯示墓地使用了相當長的時間。在自然風
積和人工堆沙築墓的過程中，沙山越來越高，從形成到最
終廢棄，應延續了較長時間。

　　最早構築的墓葬即最底層的墓葬(第五層)挖在原生的
沙層中，沙中可見因多次降雨形成的厚鹽鹼硬殼層，顯見
墓坑是打破硬殼挖出的。

　　位於第五層墓葬上的風積沙層厚達1公尺，沙質純
淨，多次風積沙層層理清晰，第四層墓葬就建構在這種沙
層中。

　　第三至一層墓葬基本處於墓地沙山的頂部。由於強
風的剝蝕，沙山的頂部已經很難形成厚的積沙層，這一時
期的一些墓葬一定程度上要靠人工堆沙才能構築完整的墓

室。

　　因此，第一和第三層的墓葬，上下間距很小，幾乎是木棺疊著木棺。

　　但是，為什麼墓葬要層層疊壓呢？在此次挖掘中，從六座墓葬裡發現的不是屍體而是木屍。考古人員從墓棺前木柱上的遺跡分析，這六座木屍墓是在短時間內連續埋葬的，墓主均為男性，木屍的形態也基本相同，面部扁平，繪著紅色的X紋。其中有一座是二具男性木屍的合葬墓。

　　貝格曼曾這樣形容小河墓地的遺民：漂亮的鷹鉤鼻，微張的薄嘴唇與微露的牙齒，為後人留下一個永恆的微笑。小河墓地給人留下的第一印象就是沙山上密密麻麻的胡楊木柱，有190多根，根據死者性別的不同而不同。

　　女性棺前立的是基本呈多菱形的上粗下細的木柱；上部塗紅色，纏繞毛繩，固定草束；男性棺前則立一外形似木槳的立木，大、小差別很大。上粗下細的木柱象徵男根，木槳形立柱象徵女陰，這成了小河墓地神祕而驚世駭俗的生殖崇拜文化景觀。

　　而在一些女性墓裡，用胡楊木做成的男根被放置在身旁。有的墓裡還放了兩根。

　　這種極度崇拜生殖的方式舉世罕見，為什麼會這

樣？考古學家不得其解。

【話說歷史】

　　小河墓地所展示的文明，與人們熟知的古代文明全然不同。這個墓葬在中國獨一無二，在世界上也沒有任何墓葬與之類似。

　　要準確地揭示它的祕密，僅僅依靠考古和歷史學的知識是不能完全解釋的，應該請各學科的專家到現場，於真實的環境中具體研究，包括考古、環境、人類學、植物學、動物學、原始宗教學等多學科專家參與，這樣研究工作才能進行得更快更好，這些謎團才可能一一解開。

Chapter 4

考古奇談密案：

抽絲剝繭，浮現歷史塵埃下的種種疑團

岳麓峰上禹王碑：
字體奇古難破譯

在岳麓山，尚存一處千古謎團：禹王碑。作為岳麓山的古老文化象徵，禹王碑的碑文銘刻千年，至今尚無人破譯。

岳麓山上的禹王碑高1.84公尺、寬1.4公尺，碑上鐫刻著77個字。字體奇古，有如龍蛇行走，恰似蝌蚪拳身。傳說這是為紀念大禹在岳麓山治水的禹王碑。

相傳，大禹來南方治水，以嶽麓山為營地，帶領長沙先民，斬惡龍、鬥洪水，終於將洪水治好，長沙先民歡欣鼓舞，感激萬分，紛紛要求在嶽麓山頂上，立碑為大禹治水記功，大禹起初並不同意，但感念的長沙先民執意如此，大禹卻之不恭，只得答應。但大禹提出了條件：碑文要刻得奇古，如天文一般，百姓不能相識。於是，長沙先民派來最好的石匠，將大禹提供的77個字樣，全部鐫刻在嶽麓山頂的石壁上。

過了幾百年之後，有天早晨，一位雲遊四海的老道士路經岳麓山頭，他在石壁下好奇地停下腳步，面對著碑文，一個字一個字地考證辨認起來。

從早晨一直到傍晚，認出了76個字。老道士興奮不已，正要考證辨認最後一個字，忽然感到腳下冰涼，好像被水浸了一般。他低頭一看，只見自己正站在水中；他再回身一望，洪水就要淹天了。

他嚇得面如土灰，一下子把所有考證辨認的碑文全忘記了，此時，只見那洪水也隨著他的忘記，一下子全退了。老道士望著退去的洪水，想著那剛才的景象，心驚膽戰。他想，這一定是天書，百姓不得相認。於是，下山通告全城：禹王碑文是天書，百姓不得相認，否則洪水淹天！

傳說是美好而又離奇的，然而傳說畢竟是傳說，它並沒有動搖文人學士考釋碑文的信心，多少人為其花費了畢生的心血。

史載禹王碑最初發現於南嶽衡山岣嶁峰，亦稱《岣嶁碑刻》。該碑為宋代嘉定年間（西元1208年至1233年）由南嶽衡山岣嶁峰摹刻而來，距今約800年歷史。唐代散文家韓愈曾為此碑賦詩，並為不知此碑蹤跡深表惋惜。然韓愈此詩不見錄於其著作。宋朝著名金石家歐陽修和趙明誠，曾遍搜天下著名碑刻彙編成文，文中同樣也不見《岣嶁碑》的記載。

宋朝嘉定年間(約西元13世紀)，此碑突被發現，其字

有的筆劃頭大尾小，於是有人認為是古蝌蚪文；有的字筆劃彎曲較多，有人據此斷定為蟲鳥文；還有斷其字為大篆者，但無人破譯出來。

明嘉靖年間，文人張素將《岣嶁碑》文拓片帶回雲南，送給謫戍雲南的學者楊慎。經他研究譯出了全部碑文。當時的學者沈鎰、楊時喬、郎英等都破譯了碑文。大意是大禹接受了部落聯盟首領舜交給的治水任務，歷經艱辛困苦，成功地將大水疏導入海，制服洪水，從此天下「衣制食備，萬國其寧」。

此後，《岣嶁碑》名聲大振，被摹刻於各地的名川大山中。雲南昆明、四川成都、湖南長沙、西安碑林、河南汲縣、湖北漢陽等地都有摹刻石碑。

《岣嶁碑》是不是夏禹時的刻石，歷代爭論不休。明代楊慎、楊時喬，清代李蕃四、毛會建等，一面破譯，一面摹刻，那是信其有。

持不同意見的清代王昶在《金石萃編》中提出：「此碑自南宋始出，故歐(陽修)、趙(明誠)皆不錄，後來考證家如楊慎⋯⋯諸人深信不疑。餘皆斥為偽物，今亦究無確證」。證明此碑為夏禹時的文字，沒有證據。人們對楊慎抱有懷疑態度。史家認為楊慎治學之道是：好博務欲勝人，甚至依託杜撰。

　　對於禹王碑上字形奇古的文字，至今說法不一。有人說是蝌蚪文，有人說是鳥篆，還有人說是符籙。但歷代學者大多認為是商周或商周以前的文字。自明代嘉靖年間再現天日後，禹王碑引起許多學者的興趣，研究者頗多，楊慎、沈鎰、郎英、楊時喬等人對碑文都有釋文，卻相去甚遠。

　　有文史專家認為，禹王碑雖經歷了近千年的歷史，但因為碑文字形的獨特，既不同於甲骨鐘鼎文，也不同於籀文、蝌蚪文，很難辨認，至今尚無定論。如今能形成一家之言的說法就有好幾種，其中明代楊慎，當代學者曹錦炎、劉志一的釋文比較有代表性。

　　明代楊慎為正德年間狀元，明世宗時任經筵講官，博覽群書，當時推為天下第一，曾撰禹王碑釋文：「承帝日咨，翼輔佐卿。洲諸與登，鳥獸之門。參身洪流，而明發爾興。久旅忘家，宿岳麓庭。智營形折，心罔弗辰。往求平定，華岳泰衡。宗疏事裒，勞餘神。鬱塞昏徙。南瀆愆亨。衣制食備，萬國其寧，竄舞永奔。」楊慎的釋文也多採用為現在禹王碑的釋文。

　　當代學者對禹王碑的釋文，以杭州曹錦炎和株洲的劉志一等人先後作「岣嶁碑釋文」比較有代表性。其中曹錦炎認為，禹王碑是戰國時代越國太子朱句，代表其父越

王不壽上南嶽祭山的頌詞。而株洲劉志一認為，禹王碑為
西元前611年（楚莊王三年）所立，內容是歌頌楚莊王滅
庸國的歷史過程與功勳。

　　由於目前仍然缺乏有力的證據與資料，禹王碑上奇
特的文字，在未來一段時間仍是難解之謎。

【話說歷史】

　　大禹治水是神話，抑或史上真有其事，人們不得而知。
歷代關於大禹治水的記錄及藝術表現頗多，禹王碑如此，
清代的大禹治水圖玉山亦如此。

神祕文字現世：
見證殷墟的甲骨文明

中國目前發現最早的文字是什麼？許多人可以不假思索地告訴你：「甲骨文！」那麼，甲骨文是如何被發現的呢？

清朝光緒年間，位於洹河南岸的河南省安陽市小屯村的幾位農民正在翻耕土地，忽然，有一些骨片被隨土翻起，人們趕忙撿起一看，骨片已經石化，有的上面還有刻畫痕跡。

純樸的農民覺得這些骨片年代可能比較久遠，或許還可以賣給藥店當藥材來換點零用錢。於是有的人試著挑選了幾個比較大的骨片送到藥店，藥店果然把這些骨片當「龍骨」收了下來。

「龍骨」，它經常被用來治療破傷，俗稱「刀尖藥」。使用時將龍骨碾成粉末，貼在傷口處，可以止血，幫助傷口癒合。

除此之外，它還可以用來治療小兒、婦科疾病和男子腎虛等症。於是，小屯村的農民一有空閒就到處尋找挖掘龍骨。

　　這種神奇的龍骨當然不是真正的龍骨頭，而是一種在地下埋藏多年並且已成為化石的動物骨頭。

　　那麼，這到底是什麼動物的骨頭？埋藏在什麼地方？它的神奇之處只在於它能夠治病嗎？其實，這裡面藏著一個巨大的歷史文化之謎。

　　被人們當龍骨的這種骨片到底是什麼珍貴的古物呢？這個謎底的揭開關係到一個非常重要的人物，那就是當時在北京任團練大臣的山東福山人王懿榮。

　　王懿榮非常愛好古物，是一位金石學家，他對青銅器的銘文很有研究，也能鑒別一些古物的真偽。光緒二十五年（1899年），王懿榮身患瘧疾，大夫幫他開了一帖中藥，王懿榮服藥時，在一味叫「龍骨」的藥材上發現有人工的劃痕。

　　這位對金石古文字有特殊愛好的文人馬上意識到這可能是古代文字，於是立即分派家人到北京各大藥店將有劃痕的「龍骨」買了回來。幾天之內，就收集到三、四百片「龍骨」。

　　王懿榮對西周春秋時的青銅銘文非常熟悉。這些「龍骨」上的文字與金文完全不一樣：用筆纖細，多方折而少圓轉，肯定是周以前的文字遺存。於是他將《尚書》中記載的「惟殷先人，有典有冊」與之聯繫起來，認為應

該是殷商時期的文字。王懿榮因此成為最早發現甲骨文的學者。

1900年八國聯軍入侵北京後，王懿榮被迫自殺。所藏甲骨主要流入金石學家劉鶚之手。1903年10月，劉鶚在其編著的《鐵雲藏龜》自序中首次確定了這些文字就是「殷代人的刀筆文字」，進而揭開了所謂「龍骨」之謎。

正如劉鶚所說，這些所謂的「龍骨」正是商代晚期的遺物。當時人們迷信占卜，凡事皆要問卜。這樣就產生了專門從事占卜的卜官，他們把占卜的經過和結果刻在龜甲或牛骨上，就形成了後來所發現的甲骨文。

此後，不斷有人到小屯村對甲骨文進行挖掘、收集以及研究，在歷時半個多世紀的挖掘中，共獲得甲骨十五萬件，還有大型宮殿遺址五十六座，商晚期大墓十一座，大型祭祀坑三個，其中殉葬和用來祭祀的奴隸達五千人之多。這些資料，充分證明了小屯村一這個中國北方普通的小村，卻是三千多年前商朝時期的國都。小小的甲骨文，竟為人們揭開了這麼大的祕密！

商朝約從西元前十四世紀末至西元前十一世紀，歷經二百七十三年。西周滅商後，這裡逐漸衰落，終成廢墟，至明代在這裡設置小屯村時，這裡已是一片田野。因為此地在商朝時被稱為「殷」，所以人們有時把商朝也稱

殷朝，所以廢墟被稱為「殷墟」。以後人們只在文獻中見到「殷墟」二字，而不知它在什麼地方。因此，小屯村的挖掘，其意義遠遠超過了對甲骨文的尋找。

在中國古代文獻中，有關商代歷史的記載比較少，連司馬遷寫《史記》時都覺得資料匱乏。而甲骨文的發現，正好彌補了史料記載的不足。

甲骨文所涉及的內容非常廣泛，包括了農業、畜牧業、田獵，還有天文、曆法、醫學、祭祀等內容，為人們研究商代的歷史提供了重要的資料。

總之，豐富的甲骨卜辭為人們研究商代歷史提供了大量而可靠的資料。但是，圍繞著甲骨文亦有許多未解之謎等待著人們去探索。比如甲骨文至今已發現了四千五百多個單字，但目前已辨識的只有兩千個，其餘的二千五百多個單字尚不能辨認，大都是地名、人名或專用字。

這也是甲骨學對現代學者所提出的一大挑戰。在已辨識的字中，亦有無法認定含義的，如「日又哉」這一卜辭，有的人認為這也指的是日食，但亦有人認為這是最早的關於太陽黑子的記載。哪種說法正確，目前仍無定論。

在甲骨文研究中，類似這樣的問題還不少，如甲骨文中有關地名、河名的記載與現在的有關地名、河流有什麼關係等等……在陝西周原遺址所出土的西周甲骨文，為

甲骨學的研究提供了新的資料。

但是，其中一塊甲骨上的文字要用五倍放大鏡才能看得清楚，那麼在微雕技術還不發達的西周時代，這麼細小的文字是如何刻上去的呢？至今仍是一個難解之謎。

【話說歷史】

甲骨文，目前發現最早的文字──為人們帶來了別具一格的書法藝術，甲骨文的發現，把中國書法有據可考的時代推到了殷商。

後母戊鼎多懸疑：
解讀殷墟青銅裡的祕密

2011年，大陸央視的某次文物新聞播報中，播音員將為人熟知的「司母戊鼎」讀作「後母戊鼎」，引發不少網友的質疑。隨後國家博物館方面表示，此鼎在最初定名時被專家按照鼎上的銘文釋讀為「司母戊」，並納入教材被廣泛接受。但隨著更多商代青銅器的發現，目前學界普遍認為應該釋讀為「後母戊」。這一改名引起了軒然大波，使這個目前中國已發現的最大最重的青銅器再一次被世人所矚目。

後母戊鼎原名司母戊鼎，是中國商代後期（約西元前16世紀～西元前11世紀）王室祭祀用的青銅方鼎，1939年3月19日在河南省安陽市武官村的一家農地中出土，現藏中國國家博物館。那麼，「司」與「後」哪個更準確些？它是什麼年代的器物？它又是為誰所鑄造的呢？如此龐大、沉重而又精美的器物，在當時的技術條件下，古人又是如何鑄造的呢？這一切，都為這尊鼎中至尊蒙上了一層層神祕的面紗。關於大鼎的命名，有如下兩種解釋：

第一種說法認為「母戊」為墓主人的廟號。「司」

讀「祀」，即祭祀的意思。認為這三個字的銘文表示該鼎為祭祀「母戊」而作，母戊是商王文丁（屬於殷墟3期）之母的廟號，該鼎即為商王文丁所鑄，是用來祭祀其母。

但是，考古人員透過形制確定後母戊鼎屬於殷墟2期，即商代晚期的商王武丁後期至其子祖庚、祖甲時期，因此此說很快被否定。一般情況下，判斷一個器物的年代，要透過它的地層關係，然後在底層關係的基礎上，再去看它的器物的組合。但是後母戊鼎重現於世時既沒有其他器物一同出土，也沒有發現墓葬。因此對於後母戊鼎年代的判斷，只能從器物形制著手。專家們把200多年殷墟文化分為四個時期，每一時期的器物，在造型上都有大致的分期特徵。越早的方鼎，它腹部就越深，腿也就細長，根據鼎腿與鼎腹的比例關係，專家們判斷，後母戊鼎應該是比較接近殷墟二期的器物特徵。

第二種說法將「司」字改釋為「後」字。商代的字體較自由，可以正寫，也可以反寫。所以「司」和「後」字形可以一樣，而意思上此處更接近「商王之後」。學術界更多人贊同「後」，並且新說認為「母戊」並不是商王文丁之母，而應指商王祖庚或祖甲之母。

商人以天干地支為自己的稱號，因此在不同的時期可以發現使用相同稱號的人。甲骨文中提到的，配偶為

「戊」的，共有4位商王。他們分別是大丁、武丁、祖甲、武乙王。大丁的時代，不在殷墟的12位商王之內，而武乙王屬於殷墟三期，司母戊鼎與這個時期的器物外形不吻合，剩下的就只有武丁和祖甲了，那麼這裡的「戊」究竟是誰的妻子呢？

1976年安陽殷墟婦好墓的挖掘給出了答案。婦好乃商武丁的一個王后，史載她主持祭祀、打獵、英勇善戰，是中國歷史上第一位赫赫有名的女將軍。考古學家在婦好墓中發現了後母辛鼎，而透過對比發現後母辛鼎的形制、紋飾和銘文的風格均和後母戊鼎一致，兩鼎之間的合金配比情況也極其相似，這就有力地證明後母戊鼎確屬殷墟2期。這也幫助人們斷定後母戊的「戊」應該就是武丁王的另外一個王后「戊」，此鼎乃商王祖庚或祖甲為祭祀其母戊而作的祭器，祭祀的時候，祭祀者把銘文和紋飾完整的一面朝向祭祀的牌位，把器物的背面對著自己。這種紋飾大多為饕餮紋，它是陰間和陽界溝通的使者，也有專家認為，這種猙獰的饕餮就是早期的龍，是龍的一種變體。在煙霧繚繞之中，龍會把祭祀的資訊帶到天上。

但令人奇怪的是，同為武丁王的王后，後母戊鼎的體積幾乎是後母辛鼎的2倍，重量則是它的6倍。不久，考古人員在當年後母戊鼎出土的下方發現了一個巨大的甲字

型大墓，在殷墟王陵區中共有大墓11座，這些大墓很可能都是商王的墓葬。「戊」的墓葬規格是僅次於商王的。而武丁的另一位王后——女將軍婦好，她的墓葬並沒有進入王陵區。在12位商王中，每一位商王通常都有十幾個妻子，為什麼僅僅有武丁的王后「戊」，墓葬有如此高的規格呢？種種疑惑，只能期待著考古學家們繼續研究。

除了後母戊鼎的身世之謎，最為神祕也最難讓人猜測的，是它究竟如何鑄造的。後母戊大方鼎的出土，顯示在商朝，青銅器的製作技術已經達到了爐火純青的地步，標誌著中國古代的青銅工藝出現了第一個高峰期。但是，鑄造後母戊大方鼎，在當時的生產力情況下，無論如何都還是一件相當困難的事情。如此浩大的工程，究竟是如何實施的呢？

有人認為，勤勞智慧的古人採用的是「化整為零」的戰略，先分別鑄好鼎耳、鼎足、鼎身，然後再將各個部分合鑄在一起。但是，迄今為止，這種論證還沒有得到相關科技的論證。

另外，研究後母戊鼎的專家曾經發現過一個異常的現象：後母戊鼎的東側壁紋飾粗糙，有的地方還可以看出錯位的痕跡，四條鼎腿下半部分厚度都出現了異常。於是人們設想，整個大鼎鼎身部分很可能在鑄造時發生了洩

漏。經過研究。他們發現大鼎並不是一次澆鑄完成的，在第一次澆鑄時，由於泥範體積太大，銅液沖刷過於猛烈，在鼎的東側壁內部帶有花紋的泥範發生了破裂，銅液滲入泥範，所以預計的銅液沒有把整個泥范澆滿，使4條鼎腿短了一截。接鑄的部分使鼎腿的厚度變厚了。如今的後母戊大方鼎，是古人一次並不完美的作品，或許也僅僅是一次大膽的試驗嘗試。

後母戊鼎承載著太多歷史的祕密，時至今日人們仍無法一一給出最適合的解答，千古疑案，仍繼續著……

【話說歷史】

一位歷史鮮有記載的武丁之後，其鼎之規格卻遠遠大於中國歷史上有據可查的第一位女性軍事統帥、傑出的女政治家婦好，讓人不解，「戊」究竟是一位什麼樣的女性？她的功勳是否高於婦好？

越王劍：
千年不朽之謎

　　1965年，一支考古隊在挖掘春秋古墓時，意外發現了一把沾滿泥土的長劍，其劍身刻有八個古篆字。專家學者們在對古篆進行研究後，發現是「越王勾踐，自作用劍」。原來這是春秋時期越王勾踐的劍。

　　這把劍全長為55.6公分，其中劍身長45.6公分，劍寬5公分。劍身滿飾黑色菱形幾何暗花紋，劍格正面和反面還分別用藍色琉璃和綠松石鑲嵌成美麗的紋飾，劍柄以絲線纏縛，劍首向外形翻卷作圓箍，內鑄有極其精細的11道同心圓圈。越王劍拔劍出鞘時，寒光耀目，而且毫無銹蝕，依然鋒利無比，20多層的複印紙，劍從中間一劃全破。一把在地下埋藏了2000多年的古劍，居然毫無銹蝕鋒利無比，這個發現立即轟動了整個中國甚至是世界。人們無不好奇，越王劍千年不鏽的原因是什麼？

　　研究者對其做過分析，發現劍表面黑色花紋處的含有0.5%的硫量、劍格表面含有0.9%～5.9%硫量。因此，有人認為越王劍千年不鏽的原因是因為劍身經過硫化處理。那麼，越王劍的表面是否採用過硫化處理的工藝？有些研

究者提出了否定答案。首先，硫化銅是一種結構並不緻密的物質，在用劍時，人的手指會經常摸到劍格，進而很快就將該處的硫化銅抹去，既然如此，還有必要進行硫化處理？其次，越王劍出土時不是絕對的沒有生銹，只是其銹蝕的程度十分輕微，人們難以看出。其出土後一直放在盒中妥善保管，但是現在該劍的表面已不如出土時明亮。與它同時期的吳王夫差矛，在出土時其青銅表面已佈滿了綠色的鏽層。說明越王劍千年不鏽，與它自身因素應該不是很大。最後，春秋戰國時期統治者們的墓葬中都會有大量的陪葬品，情況十分複雜。那些屍體、絲綢衣物、食物等腐爛後都會產生相當多的硫化物，或許這才是越王勾踐劍上硫的來源，並不是特別的硫化處理技術。

目前，學術界所認可的越王劍千年不鏽的原因主要有以下三點：

第一，透過現代科學技術測試，人們發現越王勾踐劍的含銅量約為80%～83%、含錫量約為16%～17%，另外還有少量的鉛和鐵，可能是原料中含的雜質。作為青銅劍的主要成分銅，是一種不活潑的金屬，在日常條件下一般不容易發生銹蝕，這是越王勾踐劍不鏽的自身因素。

第二，越王劍埋葬的墓葬深埋在數公尺的地下，一槨兩棺，層層相套，槨室四周用一種質地細密的白色黏

土、考古學界稱之為白膏泥的填塞，其下部採用的還是經過人工淘洗過的白膏泥，緻密性更好。加上墓坑上部經過夯實的填土等原因，使該墓的墓室幾乎成了一個密閉的空間，這麼多的密封層基本上隔絕了墓室與外界之間的空氣交換。還有該劍出土時插在髹漆的木質劍鞘內，與空氣接觸、氧化的可能性更小了。所以這就是越王劍千年不鏽的外在環境因素。

第三，該墓處在荊州附近的漳河二幹渠上，地下水位較高，該墓的墓室曾經長期被地下水浸泡，地下水酸鹼性不大，基本上為中性。在地下水浸泡下，墓室內空氣的含量更少。所以這是越王勾踐劍不鏽的又一外因。

【話說歷史】

越王劍穿越了兩千多年的歷史長河，不但沒有鏽蝕而且依然鋒利無比，無疑是中國青銅短兵器中罕見的珍品。

勾踐劍和吳王矛：
為何在湖北出土

1965年冬天，在湖北省荊州市附近的望山楚墓群中，出土了一把鋒利無比的寶劍。上面用鳥篆銘文刻了八個字，「越王勾踐，自作用劍」。

專家透過對劍身八個鳥篆銘文的解讀，證明此劍就是傳說中的越王勾踐劍。

越王勾踐臥薪嚐膽的故事，在中國歷史上代代相傳，膾炙人口，延續至今。

越王劍出土的時候，置於棺內人骨架的左側，並插入塗黑漆的木鞘內。

劍長55.6公分，劍形挺拔、莊重，製作精良考究，保存完好如新。劍身上面滿飾黑色菱形暗紋，劍格的一面由綠松石組成美麗的圖案，另一面則鑲嵌著藍色琉璃，整個裝飾顯得華貴、典雅。靠近劍格處有兩行錯金鳥篆銘文，銘文為「越王勾踐，自作用劍」。

劍柄以絲纏繞，劍出鞘時寒光凜凜，耀人眼目，劍刃薄而鋒利。1983年，湖北江陵馬山5號楚墓出土了「吳王夫差矛」。

　　夫差矛長29.5公分，製作精良，器身佈滿菱形的幾何花紋，下部鑲錯金銘文「吳王夫差，自乍自甬」，「乍」即「作」，「甬」即「用」。

　　夫差矛正背兩面都裝飾有精美的獸紋鼻，脊部鑄有出血槽，無論從做工還是精美程度上，都與越王劍不相上下。

　　夫差矛與越王劍都被湖北省博物館館藏，展櫃相鄰。這對春秋時代的傳奇寶物千年前曾在戰場上搏殺，千年後卻以這種方式再次相遇。

　　人們感到疑惑，既然是吳王與越王用過的兵器，那麼它們為什麼出土於地處長江中游的楚國墓葬中呢？它們為何沒有留存在吳越故地，卻埋藏在千里之外的楚國貴族墓葬中呢？

　　吳國被越國所滅，越國為楚國所滅，有人認為，吳王是在越滅吳時被當做戰利品繳到越人手裡，在楚國滅亡越國的戰爭中，又與越王劍同為戰利品流入了楚國貴族手中。楚國貴族死後，把它們作為陪葬品伴隨身邊。

　　還有人認為，越王劍是越女嫁給楚國時的陪嫁品。因為歷史上記載，越王勾踐的女兒是楚昭王的寵姬。

　　根據望山楚墓群出土的大批竹簡得知，該墓入葬的年代為楚威王或楚懷王前期，所以說，越王勾踐青銅劍是

因贈送而自越傳入楚地，是很有可能的。

【話說歷史】

　　究竟越王劍與吳王矛到底是友好時贈送的禮品，還是戰爭時繳獲的戰利品，至今仍是歷史上的一個謎，亦引發了後人無限的猜測與遐想。

賣縮墓：
漢代燈具的環保意識之謎

燈具是中國古代的照明器具。其形狀為下有座，中有柄，上用金屬圓盤或小瓷碗，燃以膏油。

漢代的燈具，是對秦以前燈具的繼承和創新。從形式上說，有座燈、吊燈、多枝燈等；從質地上說，有陶燈、青銅燈、鐵燈、玉燈和石燈，其中以青銅燈具最為多姿多彩；從造型上說，有人物形象、動物形象的、器物形態等。兩漢的燈具不僅外觀好看，種類繁多，而且在設計之中加入了環保的意識，展現了科學和藝術性的高度統一，顯示了高超技藝。

在當時，燈具的燃料主要是動物油脂，雖然實現了照明功能，但有一些沒有完全燃燒的炭粒和燃燒後留下的灰，造成室內煙霧彌漫，污染了室內的空氣和環境。因此漢代的座燈大多設有導煙管，並在燈體內貯入清水。當燈燃燒時，煙塵透過導煙管溶入體腔內的清水進而實現了環保功能。大部分象形燈具都用身體中的某一部分作為導煙管，如人的手臂、牛的雙角、鳳、雁、鵝的頸部等。

儲水濾煙環保燈具是中國漢代燈具在功能方面最先

進的發明創造。而西方油燈直到15世紀才由義大利的達文
西發明出鐵皮導煙燈罩，可見漢代燈具設計的科學性和先
進性在世界燈具史上的地位。這類富有環保意識的燈具在
考古工作中連接不斷地被發現，而且分佈的地域由北到
南，由東到西，十分廣闊。

　　西漢中山靖王劉勝的妻子竇綰的墓葬中挖掘出一盞
長信宮燈。長信宮燈就是一項防治燈具污染環境的巧妙發
明。這盞燈具的造型是一個雙膝跪地的宮女，左手托著燈
座，右手伸入燈罩。燈具通高48公分，通體鎏金，至今仍
然燦爛發光。這盞燈具設計、製作都非常精美靈巧，它的
燈盤、燈座和執燈宮女的右臂、頭部，都可以拆卸，燈盤
中心有一根鑽，是用來插蠟燭的。燈罩和燈盤能夠隨意開
合，這樣就可以根據人們的需要，隨時調節燭光照射的亮
度和角度。宮女的右臂實際上是煙道，它與宮女的身體連
通，雙膝跪地的宮女下部底層設水盤，這樣，燈煙通過宮
女右臂、身體、進入底層水盤，經過濾以後，去掉燈煙中
的塵埃和異味，排出的是比較乾淨的煙，進而減輕了燈煙
對室內環境的污染，避免房屋牆壁，室內器物被熏黑。

　　與長信宮燈類似的漢代燈具，在考古工作中陸續有
所發現。1980年5月，在江蘇省甘泉鄉出土了東漢錯銀飾
銅牛燈。該燈高46.2公分，燈盞承接在牛背中的圓形座基

上，牛頭頂部有煙筒直上而後彎曲與燈罩相接，牛腹是空的，可以儲水然後過濾煙塵。

1985年，在山西省平朔縣出土了西漢雁魚銅燈。該燈高53公分，整體造型為一回首銜魚的鴻雁，雁頸與燈體以子母口相接，魚身、雁頸、腹腔中空並相通，雁腹中空可儲水，燈盤為圓形直壁，魚腹下為圓形覆口與燈盤相對應。燈盤所附短柄可自由轉動以控制兩片弧形屏板燈罩的左右開合，這樣既能擋風，又可調節燈光亮度。魚鱗和雁翅部位鑄有精細的紋理，銅燈上遍施華美的彩繪，紅、綠、藍、白的裝點讓靜止的燈具鮮活靈動起來。燈火點燃時，煙霧通過魚和雁頸導入雁腹體內，雁腹中有水，可以過濾煙氣，防止油煙污染空氣。這種帶煙管與銷煙功能的燈具有如此優越的功能，使之在當時風靡一時。

由此可以看到，利用清水淨化燈煙塵埃的科學思想在西漢時期已經受到了人們的普遍重視，而且非常盛行，已經成為當時的一種風尚。

【話說歷史】

環保燈具雖小，但它展現出來的環保意識卻是很珍貴的。可見中國古代就有環保意識的存在了。

探訪劉備墓：
蜀漢帝王葬身之處成懸案

　　一部《三國演義》，把世人帶到了戰禍連綿，三國鼎立的戰爭時代，書中一個個形象鮮明的人物讓人們留下了難以磨滅的印象——曹操、諸葛亮、周瑜、關羽、張飛⋯⋯當然還有那個知人善任，禮賢下士的劉備。

　　西元221年四月六日，漢中王劉備在成都正式當了皇帝，改年號為章武。劉備建立的政權，仍稱漢王朝，為了區別過去的西漢和東漢，他稱帝的地點在成都，史稱蜀漢。從這一年起，中國正式進入了三國時代。

　　西元223年，劉備逝世。劉備死後，關於他的遺體何去何從，墓葬何處有眾多傳聞。時隔近兩千年後，神祕的劉備墓至今沒有被發現，有關劉備墓的種種傳聞便成了一個個謎團。

　　關於劉備最後身葬何處，主要有三種觀點：成都說，彭山說，奉節說。

　　一說劉備墓位於成都市武侯祠內之正殿西側，史稱惠陵。後主從諸葛亮之意，先後將甘、吳兩位夫人合葬於此。陵墓建築，由照壁、柵欄門、神道、寢殿等組成。

《三國志》中記載，1700多年前的夏天，劉備死在奉節，隨後被運往成都安葬。

現在的惠陵在成都武侯祠內，是中國重點文物保護區。現在看到的劉備墓封土高12公尺，周長180公尺，占地約三畝。有磚牆繞陵一周。陵前有清乾隆五十三年也就是1788年立的「漢昭烈皇帝之陵」石碑一塊，另有1688年即康熙七年石刻「漢昭烈之陵」橫額一塊，嵌於圍牆上。據史書記載，惠陵中還葬著劉備先後死去的甘夫人、吳夫人兩位皇后，是一座合葬墓。但是後來，不少人卻認為現在所謂惠陵的地方，只是劉備的衣冠塚。所謂衣冠塚，就是墓裡沒有屍首，只有死者生前的衣冠或生活用品，這種墓主要是寄託人們的哀思。

另一種說法認為劉備墓在四川彭山的蓮花壩。持這種觀點的人首先駁斥了《三國志》等歷史文獻關於劉備屍體運回成都的記載。劉備死於夏季，天氣炎熱，當時交通不便，從奉節到成都幾千里，要走三、四十天，這麼遠的路程，這麼長的時間，諸葛亮根本不可能拉著臭氣熏天的劉備屍體，經過長達三個多月的跋涉，把劉備安葬在成都。彭山古稱武陽，素以「忠孝之邦」、「長壽之鄉」著稱。彭山到成都只幾十公里，據史料記載，劉備手下的文武百官中有4名心腹是彭山人；劉備的養馬場也在彭山。

更重要的是，在彭山縣有個蓮花村，說得上是塊十全十美的墓葬地：九座小山彷彿是蓮花的9片花瓣，圍繞著「蓮心」，在蓮心的地方，有一座很大的墳墓，名皇墳。當地風水先生有一種說法，這9座小山叫做「九龍回頭望」。在中國只有北京十三陵是這樣的風水寶地，「九龍回頭望」只有帝王才能享用。而且，蓮花村的百姓百分之八十都姓劉，一代傳一代，都說皇墳裡面埋的是劉備。後來，眉山市和彭山縣把蓮花村劉備墓作為省級重點專案來綜合開發，想圍繞「劉備墓」打造旅遊景點。在實施這個專案過程中，打開了墓門，裡面有一座墓碑。從墓誌銘中得知，墓主人是明朝的一位官員。彭山的劉備墓真相大白後，就只有成都說和奉節說對立了。

那麼，說劉備葬在奉節，有些什麼理由呢？

第一，社會上流傳的一些劉氏家譜中，有劉備死後葬在奉節的記載。有人曾搜集到10多種來自四川、重慶、湖北等地的《劉氏族譜》。其中有近10種族譜有關於劉備墓葬在奉節的記錄。對於這些家譜，有人持懷疑態度，認為大多數家譜存在假說的現象，也有專家呼籲不能對《劉氏族譜》簡單化，輕率下結論。要仔細辨別真偽，繼續做好搜集、整理和鑑別工作。

第二，奉節縣有許多關於劉備墓的傳聞，特別是甘

夫人墓周圍，有許多蛛絲馬跡，表示有大墓跡象。奉節縣流傳一則民間故事，叫「許尤點燈」。

傳說在很久以前，有個名叫許尤的人在奉節為官，此人貪得無厭，對劉備墓更是垂涎三尺。某個風雨大作的夜晚，許尤意外發現了劉備墓，正當欣喜若狂時，卻發現了一塊石碑，走近細看，不由得嚇得面如土色，癱瘓在地，原來碑上寫的是幾句詩：「許尤許尤，無冤無仇，無故盜墓，罰你上油。」落款是諸葛亮。諸葛亮竟然算到許尤要來盜墓，當然把他嚇得魂不附體，不停磕頭，後來他連滾帶爬跑出洞來，忙找人幫墓裡的長明燈上油。不過，無論多少油倒進燈內，甚至把城裡油坊的油全挑來倒了進去，仍然倒不滿。他急得像無頭蒼蠅，夫人見了，說她那裡還有點梳頭的油，許尤忙拿著倒了進去。說來也怪，夫人梳頭的油一倒進去，燈裡就滿了。這時候，碑上的字也變成「奉公守節」四個大字。許尤謝天謝地，把墓口封了，而且再也不敢貪贓枉法。從此，人們就把這裡叫奉節。

說這段故事是奉節縣名的來歷，有些牽強附會。但許尤點燈的故事在奉節流傳很久，它不是現在有些地方為了宣傳的需要而新編的那種「民間故事」。1985年到1986年，奉節縣曾組織人員對傳說有劉備墓的地段進行物探。發現在甘夫人墓地下10多公尺深處有鐵金屬，這和劉氏家

譜中記載，劉備墓有「鐵墓誌」不謀而合。同時還探測到，附近還有一個長15公尺、寬4公尺、高5公尺和一個長18公尺、寬2公尺、高4公尺的地下空洞。當時，因為這些可疑點周圍都有建築物，無法挖掘。

第三，就是天氣原因，炎熱的夏天屍體很難保存完好，所以有可能就地安葬。

劉備到底身葬何處？也許只有透過考古挖掘才能證實，目前這仍是一個沒有確切答案的疑案。

【話說歷史】

劉備，這一個亂世之君，他的撒手人寰留給人們太多的遺憾。

金縷玉衣：
古代殮葬玉器之謎

玉文化在中國源遠流長。感人至深的《紅樓夢》，故事從一塊美玉開始，對玉的愛在中國人的心目中紮下了深深的根。

歷代對玉的描述甚多：有「玉，石之美者，有五德，潤澤以溫，仁之方也」，有「君子比德於玉」，「君無故，玉不去身。」等等，可見玉器在中國幾千年的歷史中，被賦予了眾多美好寓意與特殊含義。

在玉器眾多文化內涵裡，顯官階、避邪祟、防腐朽等等這些功能，無疑是其重要的組成部分。

希望長生不老，靈魂永存是古代皇帝夢寐以求的事，所以他們千方百計地尋找長生不老藥，喝甘露，吃煉丹丸等。由於這一切的目的都是為了長生不老，所以他們將求生的欲望也寄託在死後的裹屍衣上，這就出現了漢代特有的玉衣。

玉衣是什麼樣的呢？它是如何製成的？是否真的可以使屍體不腐呢？1968年，考古工作者在河北滿城縣的一座小山丘上，發現了中山靖王劉勝和他的妻子竇綰的墓。

在劉勝和竇綰棺內的屍體位置上，分散著許多小玉片，它們究竟是作什麼用的呢？經過考古工作者的精心修整和研究，終於復原出兩套完整的玉衣。

玉衣是漢代皇帝、諸侯王和高級貴族死後的殮服。史書中稱「玉匣」、「玉柙」，但它的形狀究竟是什麼樣的，從漢代以後就無人知曉了。

劉勝和竇綰的玉衣使人們第一次看到了玉衣的真面目，進而解開了這個千古之謎。

這兩套玉衣的外觀和人體的形狀一樣，分為頭部、上衣、褲筒、手套和鞋5大部分，各部分都由許多長方形、三角形、梯形、圓形等玉片組成，玉片上有小的鑽孔，玉片之間用纖細的金絲加以編綴，所以又稱為「金縷玉衣」。

劉勝穿的玉衣形體肥大，頭部的臉蓋上刻畫出眼、鼻和嘴的形象，腹部和臀部突鼓，褲筒製成腿部的樣子頗似人體。竇綰的玉衣比較短小，沒有做出腹部和臀部的形狀，這可能是為了表現女人身體與當時的傳統觀念相違背的緣故。

劉勝玉衣全長1.88公尺，由2498片玉片組成，用於編綴的金絲約重1100克。

完整的玉衣是西漢早期才出現的，那麼玉衣是如何

出現並發展起來的？早期的玉衣是什麼樣的呢？

玉衣的出現與流行，是與當時社會經濟的發展及喪葬觀念的變化密切相連的。

西漢時，經過「文景之治」，漢武帝時國力大大增強，「京師之錢累巨萬，貫朽而不可校。太倉之粟，陳陳相因，充溢露於外，至腐敗不可食。」於是，統治階級的生活日益奢侈腐化，生前窮奢極欲，死後則實行厚葬，在喪葬制度方面也有明顯的變化，戰國和西漢早期的長方形木槨墓逐漸為仿生人宅院的洞室墓所替代，隨葬品也多為日常生活用具及宅樓庭院等模型。玉衣就是在這種厚葬之風日甚的背景下出現的。

據一些學者的研究，漢代的玉衣是由先秦時期的「綴玉面飾」演變而來的。

所謂「綴玉面飾」，就是將做成眉、眼、鼻、口形狀的玉石片，按一定的形狀排列，綴附在織物上，再覆蓋在死者面部。這種綴玉面飾就是漢代玉衣的雛形。最早的綴玉面飾出現在河南三門峽市西周晚期的虢國墓地中。戰國時期，綴玉面飾是一種頗為流行的喪葬禮俗。

漢武帝以前的諸侯王墓中尚未發現完整的金縷玉衣，但出土有金縷玉面罩，玉帽，玉手套和玉鞋，這是綴玉面飾到玉衣的過渡形式。

　　目前發現的漢代玉衣，除金縷玉衣外，還有銀縷玉衣，銅縷玉衣和絲縷玉衣，編綴玉衣的材料不同，代表著死者身分的不同。據漢代文獻記載，漢代皇帝死後使用金縷玉衣，諸侯王等使用銀縷玉衣，大貴人，長公主使用銅縷玉衣。

　　問題出現了，中山靖王劉勝是漢景帝劉啟的兒子，漢武帝劉徹的庶兄，按規定他只能以諸侯王的身分使用銀縷玉衣，為什麼卻越級穿金縷玉衣呢？

　　研究專家認為，玉衣等級的嚴格規定，是在東漢時期才形成的，因為是東漢時期的諸侯墓中就再沒出土過金縷玉衣。

　　身為諸侯王的劉勝都能穿如此華貴的金縷玉衣，那貴為天子的皇帝玉衣是什麼樣子的呢？史書記載，漢武帝的玉衣玉片上雕刻著蛟龍，鸞鳳，龜麟等紋飾，被稱為「蛟龍玉匣」，在玉衣片上雕刻花紋，想必除了加強裝飾效果，讓玉衣有華貴之感外，還要表現皇帝的高貴身分，但因為目前沒有考古發現的實物作為證據，漢代皇帝的玉衣對人們來說還是一個未解之謎。

　　不管是「綴面玉飾」還是「金縷玉衣」，其初衷應該說都是為了追求屍體的不朽。因為古人認為屍體入葬時會遇到水銀浸泡，而水銀遇玉就會凝固，所以以玉斂屍會

使屍體不腐，進而有再生的可能。

事實上這純粹無稽之談，中山靖王劉勝和竇綰的玉衣內，除殘留幾顆牙齒外，屍骨早已化為泥土。延至三國時代，戰亂不斷，盜墓盛行，厚葬之風漸趨衰落。

曹魏黃初三年（西元222年），魏文帝曹丕下令禁止使用玉衣，從此玉衣殮葬習俗便在歷史上銷聲匿跡了。

【話說歷史】

「金縷玉衣」是漢代統治階層厚葬的極盡變現，雖然「金玉其外」了，但還是難逃「敗絮其中」的自然定律。

晉皇陵：
千年迷霧

　　神祕的晉皇陵在深山中藏了幾千年，直到近年才被發現。晉武帝司馬炎是西晉的第一個皇帝，從西元265年司馬炎登上皇位，到西元316年西晉被匈奴所滅，司馬氏集團在洛陽的統治只維持了51年。西晉皇陵包括5座墓葬，分別是宣帝高原陵、景帝峻平陵、文帝崇陽陵、武帝峻陽陵、惠帝太陽陵。

　　按照中國古代慣例，皇帝都非常注重陵墓的修建。一般情況下，皇帝修建陵墓的費用占當時國家財政收入的四分之一。費用如此之大，就是為了使皇陵氣派、壯觀，顯示皇家的威嚴。許多皇帝一登基就開始修陵，一直到他死去。如果在位30年，就可能修建30年，可以想見皇陵的規模。奇怪的是，西晉皇陵的具體位置一直不為人所知，別說巍巍如山的大塚，就連一個小土堆也未曾被發現。這是為什麼？

　　據人推測，由於當年司馬懿借曹爽謁陵之機，成功奪取政權，所以他非常擔心別人如法炮製，於是就定下了「不封不樹不謁陵」的家規。沒有陵墓，何談拜謁？只要

「不封不樹不謁陵」，就能保證司馬氏的江山萬年永存，這是司馬懿的高明之處。而且，「不封不樹」還有兩個好處：宣導儉葬，贏得民心；陵墓位置隱蔽，免得盜墓者打擾。

在河南偃師市枕頭山與鏊(ㄠˊ)子山下，有兩個相距不遠有兩個村莊，一個名叫墳莊，一個名叫香峪。顧名思義，墳莊應該與墳有關，香峪則是燒香的山谷。古代帝王修建陵墓後，都要派人守護，守墓人的後代就地為家，慢慢繁衍，最後形成村落，這些村落的名字往往與陵、墳等有關。在西晉皇陵被發現以前，這裡沒有其他皇陵，這些村名當然也不會引起人們的注意。

20世紀初，附近一戶農家挖紅薯窖時挖到了一座晉代的墓。墓中有一方墓誌，上有「北望皇陵」等記載。後來這裡陸續有晉代古墓被發現，於是，人們猜想西晉皇陵就在附近，但具體位置仍是一個謎。後來，考古工作者利用先進的探測儀器，對這一帶進行勘探，確定了西晉皇陵的具體位置，才解開了這個千年之謎。

西晉皇陵分東西兩區，東區在偃師市城關鎮潘屯、杜樓兩村以北的枕頭山下，西區在首陽山鎮南蔡莊北的鏊子山下，兩區相距數里。文物工作者在枕頭山下共探出5座墓葬，均坐北朝南。其中1號墓規模最大，規格最高，

位於墓地東部，居尊位。枕頭山下是低平、富庶的伊洛河平原，視野非常開闊。專家認為這就是司馬懿、司馬師、司馬昭等人的寢陵。

在西晉皇陵西邊的鏊子山下也有多處墓葬，均坐北朝南，其佈局主次分明，排列有序，顯示出死者生前的尊卑關係。其中1號墓位於墓地最東端，居於尊位，且在墓地中規模最大。故此墓主人應該是晉武帝司馬炎的峻陽陵。晉武帝作為西晉的開國皇帝，在墓地選擇上看來是費了一番心機。鏊子山兩端分別向南伸出一道較為平緩的山梁，對墓地形成三面環抱之勢，是修建帝王陵墓理想的風水寶地。

【話說歷史】

「失蹤」千年的西晉皇陵被發現了，其具體情況仍有待考古人員的進一步挖掘和考證。

明孝陵：
究竟藏了什麼

明孝陵是中國古代最大的帝王陵墓，距今已有六百年歷史。明孝陵中埋葬著明朝開國帝王朱元璋和皇后馬氏，因為馬氏諡號「孝慈」，故以「孝陵」為名。明孝陵宏偉壯觀，具有很高的美學價值，影響了之後明代清代帝王陵寢的制式。

1981年，明洪武十四年明孝陵正式動工，二十五年後的明永樂三年才正式完成。陵墓內部亭臺樓閣無一不備，掩映在蒼松翠柏之間。當時明王朝在孝陵駐紮了一萬多名護陵軍，守衛十分嚴格。古人以鹿為瑞獸，陵園內放養了近千頭鹿，每頭鹿項下都掛著銀牌一枚，上面銘刻著「盜宰者抵死」的字樣。

明孝陵在六百年的時間裡屢遭兵火，現在留存的建築不多，留存下來的基本都是一些磚石建築。明孝陵的神道很有特色，其最大特點是建築與地形地勢能夠完美結合，沒有依照前朝舊制修成直線，而是依地形山勢建造的蜿蜒曲折。神道兩側安防著獅子、獬豸(ㄒㄧㄝˋㄓˋ)、駱駝、象等石像，威嚴肅穆。

　　明孝陵雖為朱元璋陵寢，但是一直無法確定地宮的位置。朱元璋墓葬疑團重重，據說這位皇帝去世後，在十三個城門同時出殯，之後屍骨是埋葬在了北京的萬歲山還是南京的朝天宮也眾說紛紜。

　　朱元璋究竟有沒有葬在明孝陵？1998年，文物專家使用精密磁測手段勘測明孝陵。這是一個精細的工作，整整花了六年時間。專家們得出結論，就是朱元璋的地宮在明孝陵獨龍阜地下數十公尺處，並且沒有發現被盜挖的跡象，基本可以認定，朱元璋就在地宮中沉睡。

　　朱元璋地宮位置確定了，那麼，它的入口在哪裡？透過專家們的勘測資料可以發現，地宮有隧道狀建築物，長120公尺，寬5~6公尺，有多個入口，其中一個在明樓東側寶城城牆下。從外部看這段城牆，有明顯的裂口和下沉痕跡，顯然，這裡曾建有地宮入口的地面建築，卻因為某種原因坍塌消失了。

　　其他朝代的帝王陵墓的墓道多是筆直的，但是明孝陵的墓道卻是彎曲的。專家認為，這是當地地理原因造成的。明孝陵地下由兩種不同種類的岩石組成，一種是侏羅紀礫岩，一種是長石石英岩。兩種岩石磁性不同，軟硬不同。礫岩特別堅硬，不好開鑿。很有可能是當年的設計者預先設計好的是筆直的墓道，但是施工過程中卻發現了問

題，所以臨時調整了施工方案。

明孝陵還有一處讓人不解的地方，就是獨龍阜山體上的巨型卵石。獨龍阜山體至少有六成是被人工修補過的，其上規則排布著很多巨大的卵石。當年修建陵寢的工匠花費巨大精力將這些石塊運上山，是出於什麼目的？為了防止盜挖？還是為了減少雨水對陵墓的沖刷？抑或只是單純出於美觀考慮？答案至今沒能揭曉。

【話說歷史】

明孝陵的謎團，究竟裡面埋藏著何物，期待著更多專家關注、破解。

康熙陵墓：
為何葬了四十八后妃

清聖祖康熙皇帝，名愛新覺羅・玄燁，是清朝入關後的第二代皇帝，也是中國歷史上在位時間最長的一位皇帝。

康熙皇帝在位61年，死後葬於河北省遵化縣的清東陵。清東陵內有順治帝孝陵、孝莊昭西陵、乾隆帝裕陵、咸豐帝定陵、同治帝惠陵，康熙帝的陵墓為景陵。然而令人驚奇的是，景陵中除了埋葬有康熙皇帝外，還埋葬有康熙的四后、四十八妃和一皇子。一座陵墓，埋葬了如此多的人，這樣的埋葬規格在中國歷史上是絕無僅有的。

那麼，為什麼康熙的景陵中埋葬了四十八個后妃？有人說那是因為康熙后妃眾多。從空中俯瞰景陵，整體上呈半圓形，地位高者列前居中，地位低者居後。景陵地宮內，除了葬有康熙皇帝，還有孝成仁皇后、孝昭仁皇后、孝懿仁皇后、孝恭仁皇后和敬敏皇貴妃。景陵妃園寢內葬有四十八位妃嬪和康熙的皇十八子胤。四十八位妃嬪中，包括貴妃一人，即溫僖貴妃，居妃園寢正中；妃11人，即慧妃、惠妃、宜妃、榮妃、平妃、良妃、宣妃、成妃、順

懿密妃、純裕勤妃、定妃；嬪8人，貴人10人，常在9人，答應9人。敬敏皇貴妃（因其子十三皇子助雍正帝登基有功）原本和妃嬪們葬在一起，後來移葬在景陵地宮內。

景陵雙妃園寢埋葬撫育過乾隆的康熙妃嬪愨（ㄑㄩㄝˋ）惠皇貴妃和敦怡皇貴妃。康熙的后妃並沒有全部埋葬在景陵中，但就上面所提到的人們不可否認，康熙的后妃很多。

其實，清朝皇帝的皇后多是蒙古公主，這是政治聯姻的需要。但在康熙的時候，政治形勢發生了變化，鰲拜結黨營私，專橫跋扈，而丞相索尼歷經三朝，掌握著一定的政治勢力。於是在孝莊太皇太后的主持下，將索尼的孫女赫舍里氏指婚給康熙當了皇后。

1665年，12歲的康熙皇帝和13歲的赫舍里氏舉行了隆重的結婚大典。雖然是一場政治婚姻，但是由於皇帝和皇后年歲相仿，有加之鰲拜把持朝政對皇帝多有不敬，於是壓抑的環境促成了皇帝和皇后的恩愛感情。但是當康熙剷除鰲拜、親理朝政，不再需要皇后家族勢力的扶持之後，皇帝和皇后的關係自然也就不會那麼親密了。

皇帝的感情從來就不是給一個人的，康熙也不例外。於是之後，康熙後宮的女人逐漸多了起來，鈕祜祿氏、佟佳氏、烏雅氏……一個接一個地進宮。康熙陸續

迎娶的后妃中，年齡小者只十一、二歲，最大者也不過
十五、六歲，有的在二十幾歲就去世了。從康熙九年最早
去世的贈慧妃博爾濟吉特氏算起，到乾隆三十三年最後去
世的醇怡皇貴妃止，康熙帝的后妃們歷經了康雍乾三朝，
前後延續了99年。在康熙帝的后妃中，還有四對親姐妹。
其中，孝懿仁皇后佟氏及其妹妹佟氏貴妃又是康熙帝的親
表妹，這在中國古代帝王中是很少見的。康熙帝共有多少
后妃，史學家沒有給出統一的說法。《康熙全傳》記載，
康熙帝后妃中貴人以上者有49人，冊封在冊的后妃有67
人，而那些身分低微的答應、常在等據說共有200多人。

　　雖然康熙妻妾眾多，但是對於自己的妃子們他還是
有真情的。康熙外出期間，經常寫信或把土特產等派人送
回宮中，甚至會寫信給深居宮中的嬪妃們，講一些途中趣
事，解解她們的悶氣。

　　雖然身邊的女人日益增多，與結髮妻子又是政治婚
姻，但是康熙對赫舍里氏還是很有感情的。平三藩的時
候，皇后赫舍里氏難產，生完皇子後就去世了。康熙頂著
巨大的壓力，不顧前方戰事吃緊，輟朝五日為大行皇后舉
辦隆重的喪事。在赫舍里氏的梓宮停靈的25天中，康熙皇
帝竟然有20天親自去舉哀，足見感情之深。赫舍里氏以生
命為代價生下來的皇子，不滿兩歲便被康熙皇帝冊立為皇

太子。後來，太子不成器，最終被康熙廢掉。廢太子時，康熙哭罵他「生而剋母」，仍念念不忘髮妻。

　　康熙帝為他的后妃們做的最重要的事情就是在自己的晚年，為嬪妃們的生活進行了安排。他下令，有兒子的嬪妃，年老後到兒子的府邸居住，這一安排打破了皇帝駕崩後后妃獨居宮中到死的定例。康熙去世之前，他的兩位皇后已經安葬在景陵地宮。康熙帝安葬之後，他的嬪妃們也就陸陸續續的安葬了。因此，一座帝陵就安葬了如此眾多的嬪妃。

【話說歷史】

　　一座陵墓裡埋葬如此多的嬪妃，究竟是殉葬還是有其他原因，值得後人探尋。

十三陵怪案：
為什麼只有嘉靖帝有碑文

　　明十三陵距離北京市約為五十公里處的天壽山麓，是自明朝遷都北京後的十三代帝王的皇陵總稱。這十三座陵墓分別為：長陵（明成祖）、獻陵（明仁宗）、景陵（明宣宗）、裕陵（明英宗）、茂陵（明憲宗）、泰陵（明孝宗）、康陵（明武宗）、永陵（明世宗）、昭陵（明穆宗）、定陵（明神宗）、慶陵（明光宗）、德陵（明熹宗）、思陵（明思宗）。明代十三陵的坐落之處山色清脆、風景秀美，是現今保存比較完好的陵墓群落。

　　令人不解的是，如此大規模的一座陵墓群落，其中居然有十二座陵墓是無碑無文的。這種情況不禁讓人想起女皇武則天陵，她的墓碑之上也是沒有碑文，後人也因此而浮想聯翩，終不得定論。但是明十三陵中無字碑文數目之大卻更加耐人尋味，究竟為何？

　　這樣的疑問也讓清乾隆帝好奇的很，他在《哀明陵三十韻》中問道：「明諸陵，唯長陵有聖德神功碑文，餘俱有碑無字。檢查諸書，唯徐乾學《讀禮通考》載，唐乾陵有大碑，無一字，不知何謂？而明諸陵效之，竟以為

例，實不可解也。」

有一種普遍的看法是：由於皇帝是一國之君，他的功績之大不是一座小小的碑文就可以覆蓋的，所以明代的歷代皇帝也就不刻碑文了。而且相傳明成祖也曾經說過「皇陵碑記，皆儒臣粉飾之文，恐不足為後世子孫戒」，由臣子們所撰寫出來的碑文都是好話言盡，是不是能夠得到後人的認可也不能斷定。因此後來的官吏都不敢在皇帝的墓碑之上燒錄功績，樹立碑文的權力只有繼位的皇帝才能擁有。

其實明成祖之後的六代皇帝都沒有神功聖德碑及碑亭，現在的六塊聖德杯還是明世宗嘉靖所補立。之後，嘉靖為了彰顯明成祖的開國功績，又特別為他增立了石碑和聖績碑亭。嘉靖曾對大學士夏言下達諭旨：「前在陵工曾諭卿，獨長陵有功德碑而六陵未有，無以彰顯功德，今宜增立，示所司行。」

在工程全部完成之後，嚴嵩就上奏嘉靖皇帝，要求撰寫碑文，其云：「查得成祖文皇帝聖德神功碑文乃仁宗昭皇帝御撰，今長陵等陵碑文，伏請皇上親御宸翰制文，鑴石以記述列聖功德，垂示於萬萬世。」假若碑文由嘉靖所撰，是符合明代皇陵碑文撰寫的要求的，然而嘉靖皇帝卻始終沒有完成這項大業。有的人認為嘉靖沉迷於歌舞聲

色，無暇顧及碑文的撰寫；也有人說是因為嘉靖受了道家
思想的影響，眾說紛紜。

【話說歷史】

明十三陵中只有明成祖的長陵之上由嘉靖帝刻有碑文，
其餘十二陵的無字碑文因何，也許想要引起後人興趣的這
個目的，也是謎底之一吧！

孤竹國：
遺址之謎

「夷齊讓國」、「老馬識途」、「恥食周粟」、「首陽采薇」等人們耳熟能詳的成語典故，讓後人知道了許多源自「孤竹國」的美德故事。然而，這個濫觴於商初，衰於西周，亡於春秋，存續近千年的「孤竹國」究竟都城在哪，卻一直是個謎。

文獻記載，孤竹(亦作「觚竹」)最早見於殷墟甲骨文和商代金文，在今河北盧龍、遷安一帶和遼寧西部出土的商代青銅器上，有的鑄有「孤竹」銘文。孤竹古國則建於夏末，興於殷商，從立國到滅亡存在940多年(約西元前1600年至西元前660年)，歷經商、周、春秋三個歷史時期，是青銅時代中國北方年代最久遠、轄地最廣闊的奴隸制諸侯國之一，也是今冀東地區文明史的開端。然而，孤竹千年國都究竟在哪，一直沒有確切的答案，有說在遼寧朝陽，有說在河北遷安，也有說在河北灤縣，還有說在河北盧龍。

孤竹國的管轄範圍，一直是一個謎，那麼，孤竹國到底名歸何處？在商時期孤竹國分封以後至西周以前，孤

竹國的轄區應該是遼寧省的朝陽、錦州，河北省的承德、
唐山、秦皇島以及所轄的大部分縣區。到了東周時期，孤
竹國的轄區僅剩現在的盧龍、昌黎、撫寧、青龍以及秦皇
島的範圍了。「在喀左、盧龍、薊縣等地的考古結論顯
示，商朝時的孤竹國坐落在橫跨冀東長城內外的一大片區
域上。」史學家認為，其管轄及勢力範圍，不僅包括今秦
皇島、承德、唐山和遼寧省的部分地區，還可能包括天
津、北京兩市東部的部分地區。而秦皇島民間文化學者李
亞忠對於孤竹國的管轄範圍另有新說，史學家認為，孤竹
國並不太大，只是在從最初的50公里到後來又不足50公里
的地方，而並不是一個擁有上千里地域的國家。而燕國在
齊桓公的幫助下所到達的孤竹國，也只不過是到達了今盧
龍和遷西、遷安一帶。

　　近年，越來越多的「證據」將孤竹國都指向盧龍。
河北盧龍蔡家墳引起專家和媒體的持久關注。這個位於灤
(ㄌㄨㄢˊ)河東岸、青龍河以南、縣城西南6公里，只有
四、五百人的小山村，因清朝兵部尚書蔡士英的墓地建造
於此而得名。現在，它正離傳說中的「孤竹國都」越來越
近。據《史記‧伯夷列傳》注引《括地志》所記，「孤竹
古城在盧龍縣南十二里。」從漢代《史記》和後代文獻記
載的方位來看，孤竹城在今河北省盧龍縣境無疑。在今盧

龍一帶，有許多關於伯夷、叔齊的傳說與遺跡，如「夷齊
故里」、「夷齊井」、「夷齊廟」、「清風台」、「夷齊
讀書處」等。這裡長期流傳的民謠中有「灤水之北夷齊
里，灤水之東孤竹城」這樣的句子。這些都可以印證孤竹
古城在盧龍。

　　關於孤竹古城遺址也有一些不同的記載和說法，如
《漢書》記「遼西郡令支縣有孤竹城」，今支縣在今遷安
東。遷安與盧龍兩地相鄰，距離很近。學者根據清代史籍
《灤河濡水源考證注》提供的方位，明確提出：孤竹古城
處於灤河北岸的遷安坨上村和處於灤河南岸的灤縣孫薛營
村及其附近。對於這些歧異，可以認為孤竹國存在近千
年，政治中心城可能因當時需要有過近距離的遷徙，並不
為怪。孤竹國的統治區域並不為大，這是商周時期分封各
地的諸侯國共同的情況。但是近年有許多學者著文說：歷
史上常把孤竹國說成是屈居一隅的小諸侯國是不當的，孤
竹國是一個地域遼闊的北方大國。關於孤竹國地域遼闊的
說法並沒有為史學界所公認。有些學者著文指出，孤竹國
不是商朝在北方的弱小諸侯國，但也不是一個地域廣大的
侯國。

　　1956年以來，考古隊先後在該縣發現細石器、陶器、
青銅器等商時期文物。2009年，盧龍「玄鳥生商的傳說」

被批准為第三批非物質文化遺產。同年6月,盧龍被中國文聯、中國民協授予「中國孤竹文化之鄉」。2010年,該省第三次文物普查將蔡家墳村的北嶺確定為商遺址。此後,經過當地多方考證,發現北嶺還曾被稱為「孤子城」,並曾出土過大量的青銅器、陶器、石器等。加之蔡家墳位於今縣城南6公里處,且靠近玄水(青龍河)和濡水(灤河)兩河交匯河道,地理位置與文獻記載相吻合,專家學者初步判斷這裡或是存續千年的孤竹國國都所在地。然而,對於這種推斷是否正確目前尚缺乏直接證據。如確是孤竹國都遺址所在地,經挖掘應該存有城牆等建築基址、祭祀遺跡以及大型貴族墓葬群等。

【話說歷史】

事實上,發現和挖掘遺址的最大意義更在於孤竹文化、夷齊精神有了載體和依託,有了人們可觀、可感、可具象的真實空間,當然,夷齊也就有了無可辯駁的故里,真正的可以魂歸故里了。從這個意義上來說,孤竹國都的發現,其影響不亞於任何一個古代遺址的發現。

南越王大墓：
揭祕南蠻之地的神祕寶藏

今日的廣東，是中國重要的經濟文化大省之一，遍地商機、經濟發達，這樣一個發達繁榮的地方，很難想像在古代，竟被貼上「南蠻之地」的標籤。

兩千多年前，趙佗在廣州建都，建立了南越國，不但大規模地開發了之前尚屬閉塞的嶺南地區，而且借助沿海之利，進行了廣泛的海外貿易，為廣州在海上絲綢之路中無可替代的地位奠定了深厚的基礎。這樣一位充滿神奇色彩的人物，他的身後事及墓葬所在，撩撥著古往今來無數獵奇者的心。

1983年6月8日，在廣州市繁華市中心的一處建築工地上，挖土機把一座名為象崗的小山包刨掉了一半，施工中，幾名工人發現了類似屋頂的幾塊巨石，工地負責人及時把這一個情形告知了廣州市文物部門……當考古隊員來到了施工工地，他們馬上意識到這可能是古代的一個墓葬。

考古經驗豐富的專家，根據現場的情況判斷，大墓採用了大量的石頭，而且是深埋在象崗山20公尺深的山腹

中，證明修築這大墓耗費了大量人力，所以墓主人的地位一定十分顯赫。專家從大墓的特點和隨葬品判斷，這可能是2000多年前的一座漢墓，但考古專家透過物件崗墓室裡的器物進行比較分析，確定了這是南越國時代的一個大墓。在嶺南南越國時期，最有可能建造大墓的就是國王，那麼，這會不會就是踏破鐵鞋無覓處的趙佗墓？

這個疑問在一枚金光閃閃的龍鈕金印被發現後得到了解答。這枚金印上刻著「文帝行璽」四個剛勁有力的小篆，一個古老卻重大的歷史懸案解開了！原來墓主並非趙佗，而是南越國第二代王趙胡，他曾在歷史上自稱文帝。

但與此同時，另一個疑團開始困擾著考古專家們，在墓室中專家發現了另一枚刻著「趙眜」的金印，史籍上記載的南越國第二位王名叫「趙胡」，指出他是南越國開國皇帝趙佗的孫子，可象崗山上發現的金印上赫然刻著的是「趙眜」，難道是史籍搞錯了？這個疑問並不費解：西漢時期，嶺南地區的南越國與中原地區的西漢王朝在語言上截然不同，因而對於趙眜的名姓也是根據使臣的口述記載下來的，這中間必然存在對地方方言理解上的出入。令人稱奇的是目前粵方言中的一個土音中「眜」的發音仍有幾分像「胡」，可見兩千年前某位使臣就是依據「胡」的音陳奏的。

　　墓主人的身分解開了，人們開始迷惑，這樣一座擁有大量珍貴陪葬品的大墓，為何沒遭盜墓者「毒手」？這一切要從大墓的位置及結構說起。

　　南越王墓藏於象崗山腹心深處20多公尺，祕而不露。它仿陽宅形制建造，坐北朝南、前朝後寢，分前後兩部分，分別由石門隔開。墓前部為前室、東首先耳室、西耳室；後部為主棺室、東側室、西側室和後藏室。墓的形狀有點像個「甲」字。方向是頭北腳南。那個「田」字就是墓室，伸出來的一豎是通向墓室的通道，即墓道。墓道是長方形的，填滿了黃土和大石塊，大概是古人在封墓以後再填進去的，目的是使後來者不容易靠近墓門，防止盜墓。

　　那麼，如此鬼斧神工的地下宮殿是如何建造的呢？趙眜的墓修在石英岩的地基上，正因為這樣，才使得趙眜墓在沒有挖槽做地基的情況下能經過2100年基本保持完好。象崗山的石英岩是一種變質岩，雖然風化，卻頗有硬度。而且有些地方風化得並不厲害，大塊岩石極為堅硬，工人要一點一點地鑿打。可以想像，在2100多年前鋼鐵工具還很不普遍的嶺南地區，要在石山裡鑿一個這樣的大坑，該是何等艱巨！更令人歎為觀止的是，南越王墓的墓室所用的750多塊石頭包括砌牆石、挑簷石、柱石、頂蓋

石板等都經過了不同程度的鑿打。此時人們不禁要問：是不是這些經過鑿打的石頭都是堅硬無比的石英石呢？事實上，兩千年前的工匠們很會就地取材，根據不同的情況選擇不同的石料。透過分析整個墓室所用石材的岩性，發現所用石材主要是砂岩，其次是少量玄武岩，還有一、兩塊花崗岩。這是為什麼呢？原來砂岩雖然比不上玄武岩和花崗岩這些火成岩堅硬耐久，但卻容易鑿打加工，在完全靠手工鑿石的古代，它自然是首選的材料了。

當人們縱覽整個墓室的時候，不得不佩服當時人們的智慧是何等超群，如有神助。趙眜墓室的「地基」離山頂將近20公尺，這就是說，在動工建墓以前，先要從山頂向下挖一個20公尺深、面積略大於墓室底面的大坑。墓室現有底面積約100平方公尺。兩千多年前南越工匠們要垂直下挖一個20公尺深的大坑是相當困難的。尤其如象崗山地區這樣的石英岩，有些部分已經風化，如果垂直挖20公尺，塌方是在所難免的。於是，南越國的工匠們發明了一種巧奪天工的挖掘方式，即採用不斷擴展坑壁、階梯式擴方的方法。這個方法不僅解決了深挖可能造成的塌方，而且也有效地減少了建造墓室的阻力，可謂是一舉兩得。

此外，墓室中那些沉重而龐大的石板，在沒有起重設備的古代，是怎樣吊起來，放到墓頂上去的？翻遍浩如

煙海的中國史書都沒有找到漢代建築施工的詳細方法。後來，專家在古代魯班的傳說中找到線索：傳說中魯班發明的是「堆土法」，即把土堆到和建築物一樣高，然後把沉重的屋頂構件拖抬到所要的高度，以解決沒有起重設備的問題。這方法自然十分費工，但它是可行的。這是揭開南越王墓的大石板被架起來，最為合理的解釋了。

　　南越王墓的發現，讓人們對中國歷史上這個比較神祕的王國有了更深入的認識。雖然歷史文獻對南越國有一些記載，但卻很少有實物來佐證，尤其是來自皇室的物證，而南越王墓正好彌補了這一空白。

【話說歷史】

　　歷代帝王為了防止自己墓葬被盜，千方百計地設計自己的葬身之地，南越王墓無疑就是箇中翹楚。

i-smart

智學堂

智慧是學習的殿堂

★ 親愛的讀者您好，感謝您購買 考古探祕：千年寶藏之謎 這本書！

為了提供您更好的服務品質，請務必填寫回函資料後寄回，
我們將贈送您一本好書（隨機選贈）及生日當月購書優惠，
您的意見與建議是我們不斷進步的目標，智學堂文化再一次
感謝您的支持！
想知道更多更即時的訊息，請搜尋"永續圖書粉絲團"

您也可以使用以下傳真電話或是掃描圖檔寄回本公司電子信箱，謝謝！

傳真電話：   電子信箱：

（02）8647-3660   yungjiuh@ms45.hinet.net

姓名：_____ ○先生 ○小姐 生日：_____ 電話：_____

地址：_____

E-mail：_____

購買地點（店名）：_____ 購買金額：_____

職　　業：○學生　○大眾傳播　○自由業　○資訊業　○金融業　○服務業　○教職
　　　　　○軍警　○製造業　○公職　○其他_____

教育程度：○高中以下（含高中）　○大學、專科　○研究所以上

您對本書的意見：☆內容　　　　　　○符合期待　○普通　○尚改進　○不符合期待
　　　　　　　　☆排版　　　　　　○符合期待　○普通　○尚改進　○不符合期待
　　　　　　　　☆文字閱讀　　　　○符合期待　○普通　○尚改進　○不符合期待
　　　　　　　　☆封面設計　　　　○符合期待　○普通　○尚改進　○不符合期待
　　　　　　　　☆印刷品質　　　　○符合期待　○普通　○尚改進　○不符合期待

您的寶貴建議：

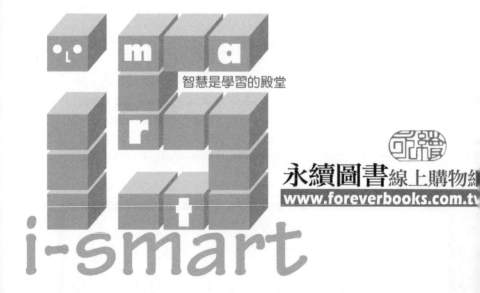